FOCUS SUR

Collection dirigée par Frédéric MANZINI

ÉPICURE

LETTRE À MÉNÉCÉE
LETTRE À HÉRODOTE

Olivier DHILLY
Agrégé de philosophie
Professeur au lycée d'État
de la légion d'honneur
Enseignant à l'IEJ Paris 2

ellipses

Dans la même collection

- Descartes, *Discours de la méthode,* étude et commentaire de Delphine Bellis
- Descartes, *Les Méditations métaphysiques*, I-III, étude et commentaire de Xavier Kieft
- Épicure, *Lettre à Ménécée,* étude et commentaire d'Olivier Dhilly
- Freud, *Sur la psychanalyse,* étude et commentaire de Chloé Adad
- Kant, *Fondements de la métaphysique des mœurs,* étude et commentaire d'Arnaud Desjardin
- Kant, *Idée d'une histoire universelle au point de vue cosmopolitique,* étude et commentaire de Paulin Clochec
- Machiavel, *Le Prince,* étude et commentaire d'Agnès Cugno
- Platon, *Apologie de Socrate,* étude et commentaire de Guillaume Tonning
- Platon, *Le Banquet,* étude et commentaire de Létitia Mouze
- Platon, *Gorgias,* étude et commentaire d'Étienne Helmer
- Platon, *Ménon,* étude et commentaire d'Étienne Helmer
- Platon, *Phédon,* étude et commentaire de Frédéric Manzini
- Platon, *La République,* VI-VII, étude et commentaire d'Olivier Renaut
- Rousseau, *Discours sur l'origine et les fondements de l'inégalité parmi les hommes,* étude et commentaire de Gabrielle Radica
- Rousseau, *Du contrat social,* I-II, étude et commentaire de Pierre Crétois
- Sartre, *L'Existentialisme est un humanisme,* étude et commentaire d'André Guigot
- Spinoza, *Traité théologico-politique,* chapitre XX, étude et commentaire de Frédéric Manzini

Édition utilisée : Épicure, *Lettre à Ménécée,* traduction française Octave Hamelin, *Revue de Métaphysique et de Morale,* n° 18, 1910, p. 397-440, disponible sur le web notamment sur wikisource.

ISBN 978-2-7298-77057
©Ellipses Édition Marketing S.A., 2013
32, rue Bargue 75740 Paris cedex 15

www.editions-ellipses.fr

PRÉSENTATION GÉNÉRALE

L'épicurien, un bon vivant ou un débauché ?

Un bon vivant cherchant avant tout à profiter de tous les plaisirs de l'existence : telle est l'image que nous nous faisons généralement de l'épicurien. Une image qui, sans être entièrement fausse, est loin de résumer la philosophie d'Épicure. Mais avant de la présenter, il est bon de se demander quelles peuvent être les origines de ce malentendu qui n'est pas nouveau. En effet, Epictète, philosophe qui appartenait à un autre courant de la pensée antique, le stoïcisme, disait déjà de lui qu'il « proférait des obscénités », le considérant comme immoral et scandaleux. On retrouvera dans le *Don Juan* de Molière, un tel jugement « Tu vois en Dom Juan, mon maître, [...] un hérétique, [...] qui passe cette vie en véritable bête brute, en pourceau d'Épicure », reprenant alors une expression qui se trouve dans une épître d'Horace mais que ce dernier réservait à ceux qui interprétaient mal la doctrine du philosophe.

L'une des origines du malentendu tient sans doute au fait que l'objet principal de cette philosophie consiste en la recherche du bonheur et en l'apologie du plaisir. Mais encore faut-il s'accorder sur ce qu'on désigne par ce terme et comprendre ce que « bon vivant » signifie. Être heureux, c'est bien vivre, mais bien vivre, ce n'est pas tomber dans la débauche de plaisirs, ce n'est pas brûler la chandelle par les deux bouts, car cette attirance pour les plaisirs peut rapidement devenir une drogue. Être épicurien, c'est rechercher la sagesse et le bonheur en ne connaissant plus les craintes qui sont causes de nos malheurs, c'est atteindre cette absence de trouble nommée ataraxie. Loin d'être décadente, la pensée d'Épicure sera aussi une réponse sage à la décadence de son époque.

Épicure, autodidacte ?

Né en 341 avant J.-C. dans l'île de Samos au large l'Asie Mineure, la Turquie actuelle, Épicure arrive à Athènes vers l'âge de 18 ans pour remplir ses obligations militaires et fréquente le milieu philosophique de son époque. À la suite de son service militaire, il ne peut rentrer dans l'île de Samos de laquelle les colons athéniens ont été expulsés et se trouvent contraints à l'exil en Asie Mineure. C'est à cette époque qu'il suit l'enseignement d'un disciple de Démocrite, fondateur de l'atomisme dont, nous allons le voir, les principes détermineront sa physique. Après être passé par l'île de Lesbos puis à côté de l'actuelle Istanbul, en 306, il revient à Athènes où il s'installera jusqu'à sa mort en 270. Malgré ses différentes rencontres et influences philosophiques, Épicure ne cessera de se présenter comme un autodidacte, sans doute parce qu'il se veut le philosophe de la nouveauté radicale.

Comment penser face à la décadence ?

Lorsqu'il arrive à Athènes pour s'y établir, Platon est mort depuis 41 ans, Aristote depuis 16 et Alexandre le Grand depuis 17. L'Académie de Platon et le Lycée d'Aristote étaient les deux grandes écoles qui avaient régné à Athènes. Au IVe siècle avant J.-C, Athènes, qui, au siècle précédent, avait connu sa grande époque, n'est plus à son apogée. En 404, la cité perd une guerre qui avait duré 9 ans contre sa grande rivale Sparte. De nombreuses rivalités se développent. Peu à peu, la démocratie de l'époque classique a laissé place aux combats des démagogues et la vie politique n'est plus qu'un jeu des apparences. C'est un tel constat qui fait dire à Marcel Conche que : « La décadence de la cité grecque comme État indépendant étant de son temps consommée, Épicure ne philosophe plus comme Platon et Aristote pour le citoyen ayant part au pouvoir politique, mais pour l'individu réduit à lui-même ». Platon qui avait vécu comme la plus grande des injustices le procès et la condamnation de Socrate, n'avait eu de cesse de penser et de définir ce que pourrait être la cité juste, cette cité idéale dans laquelle le plus juste des hommes, Socrate, pourrait vivre librement ; Aristote, voyait dans la cité, le lieu de l'accomplissement de l'homme, cet « animal politique », considérant que celui qui vivait en dehors de la cité ne pouvait être qu'une brute ou un dieu. Mais la cité n'est désormais plus un modèle que la philosophie se doit nécessairement de concevoir. Sa décadence, ses divisions, ouvrent les portes à une nouvelle manière de penser sans que soit abandonnée cette recherche de la sagesse. Comment être sage et heureux en dehors de ce cadre qui ne peut plus être un lieu d'accomplissement ? Deux courants essentiels vont se développer : le stoïcisme avec Zénon qui fondera le « Portique » (*stoa* en grec) et qui développera une pensée du cosmopolitisme, dépassant ainsi la cadre de la cité, et l'épicurisme qui va considérer la vie en commun à travers une société réduite d'amis et de sages où la philosophie se pratique comme un mode de vie. Non loin de l'Académie et du Lycée à Athènes, Épicure fondera ainsi en 306 avant J.-C, son école, le « Jardin », à l'écart des soubresauts de la cité. Loin d'être une pensée décadente, c'est donc bien au contraire contre la décadence de la cité que la pensée d'Épicure se développe.

Qu'a écrit Épicure ?

Il nous reste très peu de textes originaux d'Épicure. Dans son ouvrage *Vie, doctrines et sentences des philosophes illustres*, Diogène Laërce, historien du IIIe siècle de notre ère, précise que l'œuvre comportait plusieurs centaines de titres (jusqu'à 400). Nous avons essentiellement à notre disposition trois lettres que Diogène a retranscrites : la *Lettre à Hérodote* sur la physique et les principes de la philosophie, la *Lettre à Pythoclès* sur la cosmologie et les phénomènes célestes et la *Lettre à Ménécée*, chacun des textes portant le nom d'un disciple. Ces lettres constituent des résumés de la doctrine d'Épicure. À cela viennent s'ajouter 40 *Maximes capitales* et des *Sentences vaticanes* nommées ainsi parce qu'elles furent trouvées en 1883 dans la bibliothèque du Vatican. C'est donc avant tout par l'intermédiaire de ses disciples que nous avons une connaissance plus approfondie de son œuvre parmi lesquels le plus connu est le poète latin Lucrèce du Ier siècle avant J.-C, auteur du poème *De Natura rerum* constitué de six chants reprenant les grands thèmes d'Épicure.

INTRODUCTION PHILOSOPHIQUE

Comment être heureux ?

Comment bien vivre ou comment trouver les remèdes au mal de vivre ? Tel est le projet à la fois simple et ambitieux d'Épicure : supprimer le mal et nous permettre d'accéder au ***bonheur***. Et pour cela, le meilleur remède, et peut-être même le seul, est la philosophie. Si la question, comme nous l'avons vu, prend sa place dans une dimension historique, elle n'en demeure pas moins inactuelle et 23 siècles plus tard, certes avec de grandes différences, ce sont la psychiatrie et la psychanalyse qui, a leur tour, auront pour but de libérer des angoisses et des troubles sources de malheur. Épicure n'est donc en rien le défenseur d'une jouissance débridée. Le bonheur n'est pas à ce prix, il est d'abord une absence : absence de peur, absence de souffrance. Tous nos malheurs viennent en premier lieu de nos angoisses qui ne sont que des constructions dues à notre ignorance. Il faut donc faire de la philosophie. Mais pas n'importe quelle philosophie : il ne s'agira certainement pas, par exemple, de se détourner du monde à travers de grandes spéculations – et c'est pourquoi la pensée d'Épicure se démarque ici radicalement de la philosophie de Platon. Celui-ci ne saisissait notre salut qu'au prix d'un détachement du monde sensible, considérant que c'est en contemplant les Idées de Juste et de Bien, en se tournant non pas vers ce que nous voyons, qui n'est qu'apparence, mais vers ce que notre intelligence peut saisir, autrement dit la véritable réalité au-delà des apparences, que la sagesse et le bonheur peuvent être atteints. La voie platonicienne ne revient-elle pas à mépriser ce que nous sommes, à savoir des êtres composés d'un esprit, d'une âme, mais aussi d'un corps ? Dès lors, au lieu de nous tourner vers un autre monde, essayons avec Épicure de comprendre celui qui nous entoure et nous rendrons compte que nos angoisses n'ont pas lieu d'être.

Le philosophe, un médecin ?

Lorsque notre corps est malade, nous allons voir le médecin ; lorsque nous sommes malheureux, allons voir le philosophe. Connaître le monde, puis comprendre de quoi il est fait afin de voir comment nous pouvons y vivre, telle est la voie pour atteindre le bonheur. Nous le voyons, la recherche du vrai, la science, est subordonnée à la poursuite du bonheur. La science suprême est l'art de vivre, ou plutôt de bien vivre ; et pour bien vivre, il faut comprendre ce qu'est la vie, comprendre ce qu'est l'homme, saisir comment il s'insère dans le monde. Commençons donc par chasser les erreurs en nous interrogeant sur les moyens de parvenir à la vérité, puis attachons-nous à connaître la nature des choses et alors nous pourrons accéder au bonheur au lieu de nous laisser envahir par des angoisses qui ne tiennent qu'à notre ignorance. La philosophie est une médecine de l'âme.

Comment ne plus avoir peur ?

Mais être heureux ne consiste pas simplement à ne pas être malheureux. Le bonheur ne se définit pas que négativement. Être heureux, atteindre la félicité, c'est réaliser la plénitude. Bien vivre consiste alors à se demander comment accéder à cette plénitude, comment combler l'absence et le vide qui nous font souffrir. Pour cela, il est nécessaire de commencer par identifier nos peurs qui font que nous devenons étrangers à nous-mêmes et absents à la vie car la vie pleine et entière est dans la présence. Or, avoir peur, c'est toujours d'abord avoir peur de ce qui va nous arriver. Cette crainte de l'avenir qui nous détourne du présent nous conduit bien souvent à tomber dans la superstition : nous pensons alors que des forces supérieures ou surnaturelles vont intervenir, nous croyons au destin ou nous invoquons les dieux imaginant que leurs actions vont changer notre vie et nous leur adressons des demandes, persuadés qu'à notre écoute, ils feront en sorte que notre existence soit meilleure. Or, croire au destin, en cherchant à le lire dans les oracles, penser que tout est écrit par avance, a-t-il un sens ? Supplier des forces surnaturelles (les dieux), est-ce bien raisonnable ? Répondre à ces questions exige d'abord de connaître la nature pour savoir si elle est régie par une nécessité, de s'interroger sur les dieux pour déterminer s'ils sont animés par des intentions à notre égard, de savoir de quoi nous parlons ... C'est pourquoi Épicure fait porter sa réflexion sur la question de la vérité et sur ses critères. Une fois ceux-ci déterminés, il restera à se demander de quoi est faite la nature.

Que nous apprend la sensation ?

Nous sentons, nous avons des sensations ; mais bien souvent, nous considérons que nos sensations sont source d'erreurs. Platon a soutenu cette idée : pour connaître, il faut se détacher des sensations, du monde sensible qui change sans cesse. Or, connaître, nous dit-il, c'est connaître ce qui est, ce qui reste identique à soi par-delà les apparences. L'expérience nous montre, en effet, que nous sommes souvent prisonniers de l'illusion de nos sens. Mais doit-on les tenir pour responsables ? Épicure refuse cette condamnation qui repose sur une confusion entre la sensation et le jugement que nous portons à partir de cette sensation. Nous pouvons voir le soleil gros comme une pièce de deux euros, telle est notre sensation. L'erreur serait de dire que le soleil est de la taille d'une pièce de deux euros. C'est *l'interprétation* de nos sensations qui est source d'erreur, non la sensation. C'est pourquoi si nous prenons en compte la distance à laquelle nous le regardons, nous ne dirons pas que le soleil est de cette taille ! Notre sensation est donc le critère et le guide le plus sûr dans la recherche du vrai. D'ailleurs, ne l'oublions pas, s'il s'agit bien de se demander comment être heureux, là encore, c'est bien la sensation qui nous guide. En effet, s'il s'agit de bien vivre, ne vivons-nous pas mieux en éprouvant des sensations agréables plutôt que des sensations désagréables ? Il restera à se demander si toute sensation agréable est toujours à rechercher. Mais pour répondre à cette question, il faut s'attacher à mieux comprendre encore de quoi la nature est faite.

Comment saisir la nature ?

Penser ce qu'est la nature, penser ce qui est, c'est saisir ce qui demeure par-delà le changement. Cette interrogation n'est pas nouvelle, et là encore, Platon, nous a offert une réponse : au-delà des apparences changeantes que nos sens saisissent, il y a l'essence des choses, les Idées que l'esprit peut saisir et qui sont les causes de toutes les choses. Mais une telle attitude suppose, une fois encore, de se détacher de la sensation. Or c'est bien elle qui nous fait éprouver ce qu'il est agréable de vivre et atteindre ces moments de plénitude. Évitons donc toute construction théorique, toute hypothèse superflue et recherchons les explications les plus simples : suivons nos sensations. Mais un problème demeure : comment peut-on se prononcer sur ce que l'on ne voit pas toujours ? En raisonnant. Il s'agit donc de développer des propositions et de montrer si elles entrent en contradiction avec les phénomènes.

De quoi est faite la nature ?

Rien ne vient du néant : en effet, si les choses venaient du néant, n'importe quelle chose pourrait venir de n'importe quelle chose, ce qui est démenti par les faits. L'univers est donc éternel – sinon il serait né du néant – et infini – sinon il aurait une extrémité. En outre, la sensation nous apprend que l'univers est composé de corps, mais aussi de vide ; sinon, les corps n'auraient nul lieu où résider et aucun espace pour se déplacer. Ainsi, si rien ne vient du néant, c'est que les corps sont composés de corps plus élémentaires qui ne peuvent pas être coupés : les atomes. N'existent que les atomes et le vide. Tous les corps résultent d'une combinaison d'atomes, y compris notre esprit. Notre âme est donc matérielle et meurt avec le corps dont elle n'est pas une substance séparée. Et pourtant, nous considérons communément que l'âme est incorporelle, qu'elle n'est pas de même nature que le corps. Voilà bien encore une pure construction imaginaire. En effet, comment l'âme pourrait-elle avoir un effet sur le corps ? Comment ce qui est immatériel pourrait-il agir sur la matière ?

L'esprit est ***matière***, comme le souligne Épicure dans la *Lettre à Hérodote* (§ 67), car là où il n'y a pas de matière, il y a le vide. L'épicurisme est un matérialisme.

Sommes-nous libres ?

Épicure retrouve donc ici les atomes de Démocrite. Contemporain de Socrate, Démocrite est né à Abdère, en Thrace (Turquie actuelle) vers 460-468 avant J.-C. Mais lorsque Démocrite nous disait que le monde était composé d'atomes, nous ne parvenions pas à comprendre comment ceux-ci pouvaient donner naissance à des corps. Épicure considère que si les atomes sont matériels, ils sont dotés de pesanteur. Ils se meuvent donc en ligne droite de haut en bas. Mais si leur mouvement se limitait à cela, nous aurions une pluie d'atomes sans que ceux-ci se rencontrent pour former des corps. Il arrive donc que certains dévient de leur trajectoire. C'est ce qu'Épicure nomme le *clinamen* : un écart, une déviation spontanée et aléatoire des atomes par rapport à leur chute verticale dans le vide qui leur permet de s'entrechoquer et de s'unir, de s'accrocher : certaines choses peuvent s'écarter, dévier, changer de direction…En cherchant à rendre compte de l'existence des corps, Épicure apporte un éclairage essentiel pour ce qui va suivre : tout n'est que matière et vide, mais au milieu de la nécessité, il y a de la contingence. Certes, il y a des lois nécessaires, mais tout n'est pas de cet ordre, les choses peuvent s'écarter de leurs trajectoires. Voici introduite la notion de **liberté** parce que les choses peuvent être autrement qu'elles sont. Or, cette idée va être essentielle pour la question du bonheur : si nous pouvons demander comment être heureux, c'est parce que notre **bonheur** est en notre pouvoir.

Faut-il craindre l'avenir ?

N'oublions pas alors que la connaissance est au service de l'éthique et que l'éthique est l'art de bien vivre. Être heureux, disions-nous, c'est commencer par combattre les obstacles au bonheur, qui se logent dans les craintes que nous entretenons à l'égard de l'avenir et qui nous font être absents à nous-mêmes. La première, nous l'avons évoquée, se manifeste à travers tous nos comportements superstitieux comme la croyance en un destin ou la crainte des dieux.

Or, si la nature n'est pas soumise à la nécessité, il est absurde de croire au destin qui n'est rien d'autre que la représentation populaire de la nécessité. De même, si nous comprenons ce que sont les dieux, des êtres bienheureux et immortels, nous saisirons rapidement que c'est travestir ce qu'ils sont que de croire qu'ils n'ont rien d'autre à faire que de s'occuper de nous. N'est-ce pas en effet contradictoire d'attribuer le nom de dieu à des êtres dépendants de nos comportements ?

Mais cette crainte de l'avenir nous la vivons également dans notre rapport à la mort en redoutant ce qui va nous arriver. Cette crainte est-elle raisonnable ? Si toute sensation est vraie, si c'est la sensation qui doit nous guider, il est essentiel de ne pas se laisser emporter par de fausses opinions. Épicure va donc nous montrer que cette peur est absurde puisqu'elle consiste à se faire une mauvaise opinion sur la mort, non pas parce que la vie après la mort serait heureuse, mais tout simplement parce qu'il n'y a pas de vie après la mort. Toutes ces craintes sont infondées et ne reposent que sur de fausses représentations. Il s'agit de s'en libérer.

Que faire des désirs pour éprouver du plaisir ?

Toutefois, le bonheur n'est pas qu'une absence (absence de crainte, absence d'angoisses), il est avant tout une présence à soi. Certes, mais comment concilier cela avec le désir ? En effet, en tant qu'êtres de désirs, ne sommes-nous pas condamnés à vivre sur le mode de l'absence puisque nous ne désirons que ce que nous n'avons pas ? C'est là encore que la philosophie peut nous guérir, non pas en recommandant de ne plus désirer, il s'agirait là d'une injonction qui reviendrait à nier la réalité, mais en nous permettant de ne pas nous perdre. Ce qui nous perd, c'est l'absence de limites. Toute la question d'Épicure va tenir dans la détermination de ces limites : comment vivre pleinement heureux en dehors de toute crainte et de tout manque ? Il faut donc réfléchir pour distinguer, parmi les désirs, ceux qui font obstacle au bonheur et ceux qui y conduisent. Loin de tomber dans la satisfaction illimitée des désirs, dans la débauche et la décadence qui nous conduisent à être tenaillés par le manque, nous pourrons découvrir qu'il n'y a de véritable plaisir que dans la connaissance de ses limites.

Pourquoi se faire plaisir ?

Il n'y a finalement qu'une chose qui compte : la manière dont nous sommes affectés. Lorsque la sensation est agréable (un mets qui est bon, un beau spectacle, la solution d'un problème...) nous éprouvons du plaisir. Lorsque la sensation est désagréable (une plaisanterie de mauvais goût, une blessure psychologique ou physique...) nous éprouvons de la douleur. Ainsi la nature nous guide, tout comme la sensation, et quand nous éprouvons du plaisir nous sommes heureux alors que la douleur nous rend malheureux. Bien vivre ne consiste pas alors à obéir un des commandements qui s'imposent de l'extérieur comme la morale les énonce (« Tu ne mentiras point », « Tu ne tueras point »...), bien vivre consiste simplement à vivre dans le plaisir sans éprouver le manque, à suivre ce que nous sommes, à savoir des êtres affectés agréablement ou désagréablement, heureux lorsque ces affections sont agréables, et capables, parce qu'ils réfléchissent, de faire en sorte de ne pas vivre de sensations désagréables. Pour cela, il faut être en mesure de ne pas transformer ce goût au plaisir en une dépendance qui nous fera souffrir. C'est pourquoi Épicure va nous proposer un calcul des plaisirs, prônant la recherche d'un plaisir stable et modéré. Vivre ainsi consiste non pas à mener une vie débridée, mais une vie heureuse et sage.

Qu'est-ce que le sage ?

Le sage n'est pas celui qui est détaché du monde et qui vit dans un ailleurs, mais celui qui vit véritablement, présent à lui-même, présent à la vie, à la nature et au monde. Parce que mal penser conduit à aller mal, parce que nier le corps conduit à nier la vie, parce que l'absence est ce qui fait notre malheur, le sage, celui qui a compris la nature, celui qui donne toute sa place à la sensation, pourra vivre « comme un dieu parmi les hommes ». Voilà pourquoi Épicure donne toute sa place à l'amitié. Bien vivre, ce n'est pas vivre seul, c'est vivre avec les autres même si cela se fait loin de la course au pouvoir et aux honneurs que la cité suscite. Tel est le sens du « jardin » fondé par Épicure, à l'écart de la cité, là où les hommes peuvent vivre heureux. Reste à se demander si cette leçon de vie peut se satisfaire pleinement d'un rejet de la politique…

Une pensée scandaleuse ?

Ainsi, la doctrine des épicuriens va vraiment à l'encontre des idées reçues de l'époque. On comprend que cette doctrine matérialiste ait été encore plus inacceptable lors du développement du christianisme, dans la manière dont elle s'oppose aux dogmes de la religion. On comprend aussi pourquoi elle a été caricaturée comme une « philosophie de la jouissance » débridée… refusant aussi bien le destin que la superstition, Épicure nous offre donc une pensée de la liberté. Si nous pouvons être heureux, si nous pouvons bien vivre, c'est parce que, comme la nature nous le montre, nous sommes libres, libres d'être sages c'est-à-dire libres d'être heureux, libres finalement de refuser ce qui nous fait souffrir et libres de choisir ce qui nous rend heureux. Cette liberté, nous la découvrons dans l'étude de la nature : parce qu'il y a de la contingence, nous pouvons être heureux et ainsi nous réjouir de ce qui est. C'est peut-être cela vivre au présent, non pas ne vivre que l'instant fugitif, mais vivre pleinement ce qui est. La philosophie d'Épicure est bien une pensée du plaisir, du plaisir de vivre, du plaisir de penser aussi, car penser permet de saisir à quelles conditions le plaisir nous rendra heureux et sereins.

PLAN GÉNÉRAL DE LA *LETTRE À MÉNÉCÉE*

La *Lettre à Ménécée* est un texte court dont le sens et les enjeux se saisissent, comme nous venons de le voir, au regard d'autres textes. Parce que la connaissance est subordonnée à l'éthique, il nous a semblé nécessaire de proposer deux extraits de la *Lettre à Hérodote* sur la sensation et sur la nature, permettant de mieux comprendre les thèses soutenues par Épicure. Si la question centrale est bien celle du plaisir et du bonheur c'est à partir de la place qui est donnée à la sensation que nous pouvons l'appréhender. En effet, qu'est-ce qu'éprouver du plaisir sinon d'abord être affecté agréablement ? Pour ces raisons, nous vous proposons une structure du texte en trois parties, intégrant, au sein de la première partie, deux courts extraits extérieurs.

1re partie. Philosopher pour être heureux : le texte de la *Lettre à Ménécée* commence sur une invitation urgente à philosopher. La philosophie y est alors présentée comme la condition du bonheur. Mais avant d'aborder la question du bonheur, nous ferons un détour par deux moments de la philosophie non explicitement présentés dans la *Lettre à Ménécée* mais extrait de la *Lettre à Hérodote* : le premier moment de la philosophie abordant le critère de la vérité (à savoir la sensation) et le second moment analysant ce qu'est la nature qui nous constitue et dans laquelle nous vivons.

2e partie. Ce qu'il faut éviter pour être heureux : Épicure nous propose d'abord une définition négative du bonheur. Comment ne pas être malheureux ? En combattant nos craintes – la crainte des dieux et la crainte de la mort – afin de saisir comment mieux vivre pleinement le présent.

3e partie. Ce qu'il faut faire pour être heureux : une fois les craintes levées, Épicure s'attache à définir positivement le bonheur à travers une analyse des désirs et du plaisir.

Conclusion. Sagesse, bonheur et liberté : le texte se termine sur la figure du sage, homme libre et heureux.

Première partie
Philosopher pour être heureux

Comment être heureux ? Comment atteindre la félicité et la plénitude ? En philosophant. Une telle réponse pourrait sembler bien éloignée de la réalité. Et nombreuses sont les représentations qui nous montrent le philosophe vivant dans un autre monde ou s'interrogeant sans cesse, animé par une inquiétude sans fin. Comment affirmer dès lors que l'acte de philosopher va nous rendre heureux ? Simplement en revenant sur ce qu'est la philosophie, à savoir non pas une attitude spéculative ou contemplative, une science désincarnée, mais bien un art de vivre. Si le proverbe latin invite à « vivre d'abord et philosopher ensuite », Épicure va au contraire nous montrer que la philosophie n'est pas une activité séparée de la vie elle-même. Il y a urgence à philosopher car la vie n'a pas de temps à perdre, notre rapport au temps est engagé. Dès lors, il n'y a pas d'âge pour philosopher parce qu'il n'y a pas d'âge pour vivre et être heureux → *Texte 1 : Pourquoi y a-t-il urgence à philosopher ?*

Si la philosophie est un art de vivre, elle suppose néanmoins un savoir minimal. Certes, ce serait contradictoire, après de telles affirmations, de construire de grandes théories abstraites, mais il est bien difficile de saisir comment bien vivre sans commencer par nous interroger sur ce que nous sommes et sur ce qu'est la nature dans laquelle nous vivons. Les principes de la vie bonne doivent être vrais. Si nous devons nous défaire des fausses idées et des fausses opinions qui nous conduisent au malheur, encore faut-il être capable de déterminer quand les opinions sont fausses. Autrement dit, l'éthique, cet art de bien vivre, suppose d'abord une canonique. Le canon est proprement l'équerre ou la règle sans laquelle tout édifice construit menacerait de tomber en ruine. Pour ne pas perdre sa vie, il faut donc être en mesure de distinguer le vrai du faux. Après s'être opposé à Platon qui voyait dans la philosophie le résultat d'une éducation, Épicure va de nouveau s'opposer à ce dernier qui rejetait la sensation comme source d'erreurs et d'illusions. Contrairement à tout discours qui ne voit dans la sensation qu'une source d'erreur, la *Lettre à Hérodote* (dont la lecture complète celle de la *Lettre à Ménécée*) va montrer en quoi elle est le critère de la vérité. Non seulement nous devons partir de la sensation pour connaître, mais surtout celle-ci renvoie bien, sans tromperie, à ce que nous ressentons. Or être heureux, c'est éprouver du plaisir. S'attarder sur la sensation, c'est ainsi souligner le critère qui va nous servir de guide dans notre existence afin de vivre heureux → *Texte 2 : Quel est le critère de la vérité ?*

Bien vivre consiste à ne pas, une fois encore, vivre dans un « ailleurs ». La vie bonne suppose donc de connaître la nature parce que vivre heureux consiste, comme nous l'avons vu, à commencer par dissiper les craintes qui nous assaillent (la crainte des dieux et la crainte de la mort, → 2e partie). Ainsi, pour cesser de s'inquiéter, il est nécessaire de ne plus se laisser guider par les discours imaginaires ou par les mythes. Dès lors, seule une connaissance de ce qu'est l'univers peut nous permettre de combattre ces peurs. La connaissance de la nature peut nous servir là encore de guide car c'est bien elle qui nous convie au bonheur et à la plénitude → *Texte 3 : De quoi la nature est-elle composée ?*

Texte 1
Pourquoi y a-t-il urgence à philosopher ?

La question essentielle, la seule question qui vaille vraiment est celle du bonheur et le bonheur n'existe que lorsqu'il est vécu et ressenti. La philosophie n'est donc pas là pour nous apprendre à mourir mais pour nous apprendre à vivre. À Platon qui faisait de la philosophie l'aboutissement d'un long cheminement, d'une longue éducation, à Socrate qui voyait dans la philosophie une préparation à la mort, Épicure répond ici en montrant qu'il faut philosopher à tout âge. Ainsi, le texte n'a pas la forme d'un dialogue avec un disciple, mais va énoncer les principes qu'il faut méditer, assimiler. Inutile de commencer par des préliminaires qui n'en finissent pas, il y a urgence à philosopher comme il y a urgence à soigner le corps quand celui-ci est malade. La philosophie qui est là pour nourrir l'âme et concourir à sa bonne santé, est donc d'abord présentée comme une thérapeutique et celui qui n'est pas sage est assimilé à un homme malade. Tout comme le propre de la médecine est de restituer un équilibre perdu dans la maladie, le propre de la philosophie est de rétablir, un équilibre, une harmonie. Mais pour être en bonne santé, il faut bien assimiler. C'est pourquoi il faut répéter, mettre en pratique, méditer… et ceci n'est pas une question d'âge biologique, ceci est une question d'attention à la vie. Épicure va ainsi nous montrer qu'aussi bien l'homme jeune que le vieillard doivent philosopher car l'un et l'autre doivent rechercher ce que la vie a de meilleur. Le texte annonce alors ce qui va suivre dans la *Lettre à Ménécée*, à savoir une recherche des causes qui peuvent produire le bonheur. Ces causes seront de deux ordres : celles qui empêchent d'être heureux et celles qui permettent de l'être.

Quand on est jeune il ne faut pas remettre à philosopher, et quand on est vieux il ne faut pas se lasser de philosopher. Car jamais il n'est trop tôt ou trop tard[1] pour travailler à la santé de l'âme[2]. Or celui qui dit que l'heure de philosopher n'est pas encore arrivée ou est passée pour lui, ressemble à un homme qui dirait que l'heure d'être heureux n'est pas encore venue pour lui ou qu'elle n'est plus. Le jeune homme et le vieillard doivent donc philosopher l'un et l'autre, celui-ci pour rajeunir au contact du bien[3], en se remémorant les jours agréables du passé ; celui-là afin d'être, quoique jeune, tranquille comme un ancien en face de l'avenir[4]. Par conséquent il faut méditer sur les causes qui peuvent produire le bonheur[5] puisque, lorsqu'il est à nous, nous avons tout[6], et que, quand il nous manque, nous faisons tout pour l'avoir[7].

Attache-toi donc aux enseignements que je n'ai cessé de te donner et que je vais te répéter ; mets-les en pratique et médite-les[8], convaincu que ce sont là les principes nécessaires pour bien vivre[9].

Épicure, *Lettre à Ménécée* [122-123],
trad. fr. Octave Hamelin

1. L'essentiel est de ne pas être absent à soi-même. Si la philosophie est ce qui nous rend heureux, le bonheur n'a de sens que lorsqu'il est vécu dans le présent. Tant que nous vivons nous devons donc philosopher. Épicure s'oppose aussi bien à Platon ici qu'à Calliclès (personnage du dialogue de Platon intitulé le *Gorgias*), qui explique que la philosophie est l'affaire de jeunes hommes oisifs qui ne sont pas encore dans l'action.
2. La santé de l'âme est la définition ici du bonheur. Le malheur est, inversement, une maladie de l'âme. On peut donc guérir du malheur.
3. L'âge biologique ne détermine en rien le rapport que nous pouvons avoir à l'existence.
4. Le bonheur est assimilé à la tranquillité de l'âme, à l'absence d'inquiétude et au rejet des craintes que pourrait engendrer l'avenir et qui nous font sombrer dans la superstition et la peur de la mort.
5. Ces causes sont d'abord celles qui nous rendent malheureux, puis celles qui peuvent nous rendre heureux. Ceci correspond aux deuxième et troisième parties du texte.
6. Le bonheur est synonyme de plénitude et le manque, au contraire, nous fait souffrir.
7. Nous recherchons tous le bonheur. Même si, bien souvent, nous errons sur le chemin pour l'atteindre, il y a un élan qui nous porte vers lui.
8. La philosophie n'est pas un exercice contemplatif, elle est un art de vivre… et c'est en s'appropriant, en répétant ces principes, en nous les appropriant vraiment, en les assimilant, que nous pourrons vivre heureux.
9. Les principes sont ceux qui vont être énoncés dans la suite du texte et qui vont constituer le quadruple remède pour vivre heureux. Ils sont posés comme nécessaires, c'est-à-dire comme ne pouvant pas ne pas être.

Questions & Réponses

Contrairement à Épicure, comment pourrait-on justifier qu'il y aurait un âge pour philosopher ?

La philosophie est traditionnellement conçue comme le résultat d'une éducation. Telle est d'ailleurs la manière dont elle était proposée aux jeunes Grecs. Elle supposait alors une culture encyclopédique nécessaire à la formation de l'esprit. Platon, par exemple, dans les livres VI et VII de la *République*, expose l'éducation du philosophe-roi qui gouvernera la cité. Cette éducation qui suppose également de rompre avec les opinions et les fausses croyances prend du temps. C'est tout le cheminement qui est décrit dans l'allégorie de la caverne où la philosophie arrive à la fin. Bien plus tard, au XIXe siècle, chez Hegel, par exemple, la philosophie est ce qui arrive après-coup, pour saisir de manière réflexive les savoirs acquis. De là la célèbre formule : « la chouette Minerve prend son envol au crépuscule ». On peut ainsi soutenir l'idée que si la philosophie est une réflexion sur les savoirs, elle les suppose. Le renversement qu'opère ici Épicure est justifié par la place et le sens qui sont accordés à la philosophie dont la dimension n'est pas théorique mais pratique. De là sa définition comme art de vivre.

Vivre dans le souvenir, est-ce vraiment vivre ?

Épicure soutient l'urgence de philosopher à tout âge au nom du bonheur et de la sérénité. Il faut philosopher pour vivre pleinement sa vie. Mais lorsqu'il aborde la question du vieillard, il justifie son affirmation au nom de la réminiscence affective. On pourrait penser ici que le risque est alors grand de tomber dans la nostalgie qui nous éloigne du bonheur. Au contraire, Épicure montre, comme le dira plus tard Rousseau, que le bonheur est un état que le souvenir ramène. Cela suppose alors que le plaisir est plus fort que la douleur et ceci parce qu'il est plus naturel que cette dernière. On peut noter chez Épicure un certain optimisme ici.

Texte 2
Quel est le critère de la vérité ?

S'il faut se détourner des fausses opinions qui nous rendent malades, il est nécessaire alors de déterminer quand les opinions sont fausses, d'établir un critère de vérité. Ce critère est la sensation. Face à la longue méfiance que ses prédécesseurs, notamment Platon, avaient entretenue à son égard, soulignant sa dimension subjective et faisant d'elle une source d'erreurs, Épicure va réhabiliter la sensation en la distinguant du jugement que nous portons sur elle. Il va d'abord s'attacher ainsi à analyser nos perceptions qui vont de la sensation à la pensée : tout ce que nous ressentons, mais aussi tout ce que nous pensons provient des objets extérieurs, ce qu'Épicure nomme des simulacres. En effet, comment pourrions-nous être affectés par un objet ou bien même avoir une quelconque représentation sans que quelque chose vienne, comme nous disons « frapper » nos sens ou notre esprit ? Tout commence avec la sensation mais tout doit se fonder également sur elle. Nos erreurs ne viennent pas de la sensation, mais des jugements que nous portons sur elle. L'épicurisme est un empirisme : c'est l'expérience sensible qui vient infirmer ou confirmer une pensée ou une opinion. Les enjeux d'une telle approche sont essentiels ici puisque la question ultime est celle du bonheur. Il s'agit d'un côté, de se donner les moyens de combattre les fausses représentations, mais il s'agit également de souligner que le critère central de l'existence est la manière dont nous sommes affectés. Contre Platon qui rejette la sensation, Épicure refuse toute construction métaphysique conduisant à supposer l'existence d'Idées que seule l'intelligence peut saisir ; contre le scepticisme qui tombe dans une forme de relativisme, la *Lettre à Hérodote* affirme que la vérité existe. Mais surtout, la sensation est essentielle à la question du bonheur car des affections comme le plaisir et la douleur apparaissent bien comme ce qui va nous guider pour être heureux.

Il convient encore de noter que c'est parce que quelque chose des objets extérieurs pénètre en nous que nous voyons les formes et que nous pensons[1]. Car les objets ne pourraient pas, par l'intermédiaire de l'air se trouvant entre nous et eux, ni au moyen de rayons lumineux ou d'émanations quelconques allant de nous à eux, imprimer en nous leurs couleurs et leurs formes aussi bien qu'au moyen de certaines copies qui s'en détachent[2], qui leur ressemblent par la couleur et la forme et qui, selon leur grandeur appropriée, pénètrent dans nos yeux ou dans notre esprit. Elles se meuvent très rapidement, et c'est pour cette raison qu'elles reproduisent l'image d'un tout cohérent, en gardant avec lui le rapport naturel grâce à la pression uniforme qui vient de la vibration des atomes à l'intérieur du corps solide. Et quelle que soit l'image que nous recevons, immédiatement par l'esprit ou par les sens, d'une forme ou d'attributs, c'est la forme de l'objet réel produite par la fréquence successive ou le souvenir du simulacre. Mais le faux jugement et l'erreur résident toujours dans ce qui est ajouté par l'opinion[3].

Et les images qu'on voit, par exemple, dans un miroir, celles qui apparaissent dans le sommeil, celles qui sont contenues dans certaines notions de l'entendement[4], ou dans les autres critères, n'auraient pas de ressemblance avec les objets appelés réels et vrais, si ceux-ci ne les émettaient pas. Et l'erreur n'existerait pas, si nous n'éprouvions dans notre intérieur un certain mouvement qui est certes lié à la faculté imaginative, mais qui cependant présente une particularité distinctive ; si celle-ci n'est pas confirmée ou est infirmée, nous sommes dans l'erreur, mais si elle est confirmée ou n'est pas infirmée, nous sommes dans le vrai[5]. Il importe beaucoup de retenir ce principe, afin que les critères évidents ne soient pas détruits et que l'erreur, étant raffermie comme la vérité, ne mette tout en désordre.

Épicure, *Lettre à Hérodote* [49-52], traduction anonyme

1. Puisqu'il n'y a que des atomes et du vide, toute sensation et toute pensée supposent que quelque chose des atomes vienne frapper nos sens ou nos esprits.
2. Épicure parle ici de copies car il y a bien une identité de forme entre ce que nous saisissons et ce qui est. Les simulacres sont des émanations conformes aux objets.
3. L'erreur ne naît pas de la sensation, elle naît du jugement que nous portons sur la sensation. La sensation n'est pas un jugement et aucune sensation ne peut contredire une autre sensation. Lucrèce donne l'exemple suivant : une tour carrée peut nous apparaître ronde quand nous sommes éloignés. Nous avons alors deux sensations semble-t-il contradictoires. Pourtant, il n'y a pas contradiction dans les sensations, mais deux modalités différentes de l'apparition de l'objet selon qu'il est vu de loin ou de près. La tour est donc ronde de loin et carrée de près. Le jugement change si nous ajoutons « de loin » ou « de près » et la précision est essentielle. Chaque objet se manifeste donc de manière différente en fonction de la position de l'observateur. C'est en ce sens que l'on parle de phénomènes. Nous verrons que l'affection que sont le plaisir et la douleur peuvent aussi être affaire de point de vue et que c'est encore cette affection qui doit nous guider : la sensation nous indique la voie à suivre, le bonheur.
4. Nos pensées et nos représentations naissent des sensations. Certes, la sensation n'a pas de mémoire, mais c'est alors le jugement de l'opinion qui produit des comparaisons et des rapprochements.
5. À la sensation se joint une opinion ou jugement qui est susceptible d'erreur. Cette opinion a besoin d'être confirmée et elle est vraie si elle l'est, fausse dans le cas contraire.

Questions & Réponses

A-t-on affaire à une forme de relativisme ?

Dire que la sensation est le critère de la vérité n'est pas sans faire penser à la thèse de Protagoras dans un dialogue de Platon (le *Théétète*) lorsqu'il dit que « l'homme est la mesure de toute chose ». Le risque est alors de tomber dans le relativisme qui affirme que la chose est telle qu'elle est sentie et dès lors relative aux sensations qui diffèrent. Or, Épicure récuse ici cette position refusant aussi bien le scepticisme que le relativisme. Il y a une vérité. Il ne pose par pour autant une réalité au-delà des apparences comme le fait Platon avec les Idées. La sensation est un témoin de l'impression venue de l'extérieur, elle est donc toujours vraie puisqu'elle correspond à la réalité. Cela n'implique pas pour autant que le jugement soit vrai car il peut être précipité. Le relativisme considère que c'est le jugement qui correspond à une réalité. La position d'Épicure n'est pas relativiste, elle est empiriste. Ce sont les opinions contradictoires qu'il faut combattre.

Comment se constitue la connaissance ?

Si la sensation est critère de vérité, la connaissance, elle, réside dans le jugement qui peut être vrai ou faux. La question est donc de savoir comment la connaissance vraie se constitue. La connaissance n'est pas une activité de l'esprit qui va vers l'objet, elle part de la sensation. Il y a réceptivité des sens. Nous recevons des images des objets, les simulacres. Notre âme qui est un corps matériel est affectée. À la suite de la répétition de sensations, se forment des prénotions dont le véhicule naturel est le langage. Le seul critère pour éviter l'erreur est alors la sensation. Mais il peut y avoir des prénotions mal formées qui induisent des jugements hâtifs, des malentendus ou des erreurs lorsqu'elles sont trop éloignées de la sensation. Le jugement que la foule fait porter sur les dieux est un exemple de jugement hâtif comme nous allons le voir.

Texte 3
De quoi la nature est-elle composée ?

La connaissance de la nature doit nous permettre de comprendre comment nous comporter tout d'abord en nous conduisant à éviter les fausses opinions, puis en nous indiquant quelle voie suivre. La physique, comme connaissance de la nature, est ainsi au service de l'éthique. Puisque la sensation nous guide, nous pouvons partir d'un fait d'expérience : il y a des corps que nous touchons, que nous voyons et qui sont la plupart du temps en mouvement. Épicure reprend ici la thèse du mobilisme universel défendue par Héraclite et à laquelle Platon s'oppose. Or, l'évidence du mouvement nous conduit à penser l'existence du vide. Mais ceci ne nous dit pas pour autant de quoi les corps sont composés. Tout change et pourtant nous pouvons remarquer des identités ; comment donc penser ce qui demeure par-delà le changement ? Pour Épicure dans la *Lettre à Hérodote*, les corps sont composés d'atomes, c'est-à-dire d'éléments insécables et indestructibles. Il rompt ici avec l'ancienne notion des quatre éléments fondamentaux (l'eau, l'air, le feu, la terre) et raisonne par l'absurde simplement parce qu'il est impossible de s'appuyer sur la sensation pour se prononcer sur ce qui n'est pas visible. Toute la démarche consiste donc à montrer la contradiction de la pensée opposée. Dès lors, si des corps peuvent se composer, c'est parce que des atomes s'entrechoquent en déviant dans leur trajectoire, ce que Lucrèce, plus tard, appellera le *clinamen*. Cette notion permettra d'expliquer la formation des êtres, mais aussi de récuser les idées de nécessité absolue, de formation de l'univers par les dieux et de destin qui nourrissent nos esprits superstitieux. Elle apparaît donc comme centrale en introduisant une part de contingence dans l'univers. Si les corps n'obéissent à aucune nécessité absolue, alors il y a une place pour la liberté, cette notion qui sera au cœur de l'éthique.

Tout d'abord, rien ne naît de rien[1], autrement tout pourrait naître de tout sans avoir besoin d'aucune semence. Et si ce qui disparaît était réduit à rien, toutes choses auraient déjà péri, étant donné que celles en lesquelles elles se sont dissoutes n'existeraient pas. L'univers a toujours été le même qu'il est maintenant et sera le même dans toute éternité[2]. En effet, il n'y a rien en quoi il puisse se transformer, car il n'existe rien en dehors de l'univers qui puisse y pénétrer et produire un changement.

L'univers est constitué de corps et de lieux[3]. Que les corps existent, la sensation l'atteste en toute occasion, et c'est nécessairement en conformité avec elle qu'on fait, par le raisonnement, des conjectures sur l'invisible, comme je l'ai dit plus haut. Si, d'autre part, il n'y avait pas ce que nous appelons vide, espace ou nature impalpable, les corps n'auraient pas où se placer ni où se mouvoir, ce qu'ils semblent bien faire. En dehors de ces choses on ne peut rien concevoir, ni par généralisation ni par analogie, qui puisse être pris pour des substances parfaites et non pas pour ce qu'on appelle attributs ou accidents de ces dernières.

[...] Les atomes se meuvent continuellement de toute éternité[4], et les uns en s'entrechoquant s'écartent loin les uns des autres, les autres, en revanche, entrent en vibration aussitôt qu'il leur arrive d'être liés par l'entrelacement[5] ou quand ils sont enveloppés par les atomes propres à s'entrelacer. Car il est dans la nature du vide de séparer les atomes les uns des autres, puisqu'il ne peut pas leur fournir un support ; et la dureté inhérente aux atomes produit le rebondissement après le choc, dans la mesure où l'entrelacement leur permet de revenir après le choc à l'état antérieur. Il n'y a pas de commencement à ces processus, étant donné que les atomes et le vide existent de toute éternité.

Épicure, *Lettre à Hérodote* [39-44], traduction anonyme

1. S'il n'y avait pas des éléments ultimes et éternels – les atomes – cela signifierait que les choses pourraient naître du néant. Dans ces conditions, rien d'ordonné n'existerait dans l'univers et les chiens feraient des chats. Ainsi, Épicure peut énoncer trois principes essentiels : rien ne naît de rien, rien ne disparaît, le tout est immuable. Les corps ne naissent pas de rien, mais de la composition d'atomes qui eux sont éternels.
2. Si l'univers n'était pas éternel et si les éléments qui le composent étaient destructibles, alors nous verrions des pans entiers de l'univers disparaître. Épicure nie ici l'intervention de toute cause extérieure à l'univers : les dieux, un démiurge…
3. Il n'y a donc que des corps, composés d'atomes et du vide ; et les atomes existent en nombre infini. Refuser d'affirmer l'existence des atomes conduirait à une régression à l'infini qui reviendrait à affirmer que l'être vient du néant.
4. La notion d'atome a peu à voir avec ce que la science désigne de nos jours sous ce terme. D'après la science actuelle, l'atome ne constitue pas un élément insécable puisqu'il se compose d'électrons, de protons et de neutrons.
5. Les corps sont des composés d'atomes. C'est la rencontre des atomes qui produit les corps et nous voyons ici que cette rencontre n'obéit à aucune nécessité. Même si la notion de *clinamen* n'est pas explicitement exposée ici, l'idée de contingence semble présente. Il n'y a pas de plan d'ensemble du cosmos qui décide par avance quel sera l'ordre final.

Questions & Réponses

En quoi la nature peut-elle nous servir de guide ?

La nature n'est pas une norme extérieure nous disant ce que nous devons faire. En tant que nous sommes des corps composés d'atomes, notre constitution est conforme aux fonctionnements de la nature qui n'est pas soumise à une stricte nécessité et il y a ce qui est bon et mauvais pour ce que nous sommes, qui nous est indiqué par la manière dont nous sommes affectés et dont nous le ressentons. C'est pourquoi Épicure dira que le plaisir est « le commencement et la fin de la vie heureuse ». Le plaisir, manière dont nous sommes affectés, nous rend heureux, la douleur, malheureux. En ce sens, la nature, entendue comme ensemble constitué d'atomes et de vide, nous l'indique. Il restera donc à déterminer, dans la suite du texte s'il nous faut rechercher tout plaisir et dans toutes les circonstances. La nature est donc doublement un guide : tout d'abord parce que son étude nous apprend notre condition d'êtres libres, mais aussi parce qu'elle nous conduit à vivre heureux si nous la connaissons.

Quelle est la nature de l'âme ?

Si tout corps dans la nature est un composé d'atomes, l'âme est un composé d'atomes, autrement dit, elle est matérielle. On pourrait penser que l'âme n'est justement pas un corps, mais une telle approche reviendrait à penser qu'il y a dans la nature autre chose que des atomes et du vide. Ainsi, l'âme est matérielle et les atomes qui la composent se séparent dans la mort. De même une pensée est une certaine organisation d'atomes. L'esprit est matière. Sans cela, il devient bien difficile de comprendre comment une pensée peut générer un mouvement du corps.

Deuxième partie
Ce qu'il faut éviter pour être heureux

Il s'agit, après le détour par la canonique et la physique, de revenir à l'éthique et aux principes du bien vivre. Or, c'est d'abord négativement que le bonheur va être défini : être heureux c'est avant tout chasser ce qui est la cause de nos malheurs et cette dernière se trouve essentiellement dans notre rapport à l'avenir. Toute la question sera donc de déterminer quel rapport à l'avenir nous pouvons entretenir au regard de ce que nous savons être la nature : comment appréhender notre futur de manière sereine afin de ne plus être malheureux ? Aussi Épicure va-t-il, dans les trois textes qui suivent, aborder les questions de la superstition, de la mort et de la vie présente. En effet, la superstition se développe avant tout pour combler l'ignorance que nous avons de l'avenir, et la mort est aussi, bien souvent, ce que nous redoutons par excellence comme événement à venir. Pour être heureux, il va donc falloir parvenir à chasser ces craintes. C'est ainsi que les réflexions sur les critères de vérité et sur la nature vont être utiles à la fois pour distinguer les fausses opinions des opinions vraies et également pour, une fois encore, nous indiquer la voie à suivre. L'étude de la nature nous a montré qu'il n'y avait ni destin, ni nécessité absolue dans l'univers. Il est donc possible de se libérer des craintes qui sont infondées et cette libération est essentielle puisque l'homme malheureux est d'abord l'homme aliéné, habité par des peurs qui l'empêchent de vivre pleinement, l'homme étranger à lui-même. Il faut donc commencer par se réconcilier avec la nature et ce que nous sommes vraiment.

La première crainte à lever est celle à l'égard des dieux. Épicure, dont on raconte qu'il avait été élevé par une mère qui pratiquait des rites propiatoires chez les pauvres, va donc, dans un premier temps, opérer une critique du rapport que la foule entretient avec les dieux afin de montrer que là où elle pense être dans la piété, à travers la prière, les demandes et les louanges, elle ne fait que manifester une grande impiété à l'égard des dieux à cause des fausses représentations qu'elle s'en fait. Il s'agit de distinguer la question des dieux de celle de la religion. Épicure va ainsi nous montrer qu'il n'y a rien à craindre des dieux car ils sont étrangers à notre vie dans laquelle ils n'interviennent jamais ➔ *Texte 4 : Faut-il craindre les dieux ?*

Puis Épicure va aborder l'une des craintes essentielles de notre existence, à savoir la peur de notre propre mort, qui ouvre souvent la porte à de nombreuses attitudes superstitieuses. C'est alors à partir de la question de la sensation qui définit la vie qu'il va nous montrer que notre propre mort n'est pas à craindre car elle ne sera jamais pour nous un présent. Là encore, se laisser envahir par une telle crainte c'est imaginer un avenir que nous ne vivrons jamais ➔ *Texte 5 : Faut-il avoir peur de mourir ?*

Nous le voyons, la physique est pacifiante. Dès lors, si les dieux ne sont pas à craindre et si la mort n'est rien pour nous, c'est à la fois notre rapport au présent et à l'avenir qui se trouve transformé. Finalement cela paraît une évidence, mais nous ne pouvons vivre que notre vie. Nous le verrons encore mieux à travers la question du plaisir : philosopher consiste à se fixer des limites et c'est au sein de ces limites que nous pouvons être heureux. Il s'agit donc de vivre pleinement notre vie et de ne pas être dans l'attente de ce qui n'arrivera jamais. Restera alors à déterminer quel rapport nous pouvons entretenir à notre avenir ➔ *Texte 6 : Comment vivre le temps présent ?*

Texte 4
Faut-il craindre les dieux ?

Critiquer la superstition ne conduit nullement à affirmer une position athée. Au contraire, dans ce texte, Épicure va s'attacher à définir ce qui constituerait une véritable attitude pieuse à l'égard des dieux en qualifiant le comportement superstitieux de la foule d'impiété puisqu'elle pense les dieux à partir de considérations purement humaines, attitude que nous désignons sous le terme d'anthropomorphisme. Bien loin d'être des objets de craintes, les dieux doivent être des modèles pour la vie heureuse, comme la fin de la *Lettre* le montrera. Mais avant de parvenir à ce bon rapport que nous devons entretenir à l'égard des dieux, il s'agit de se libérer des fausses craintes qui nous conduisent au malheur. Il faut lutter contre la religion populaire qui opprime. Là encore, c'est à la fois l'analyse de la sensation et la connaissance de la nature qui vont nous servir de guides. Épicure ne récuse donc pas l'existence des dieux, il part d'abord de la conception traditionnelle que les Grecs en ont afin de montrer que la crainte que la multitude peut avoir à leur égard repose sur une opinion fausse qui est en contradiction avec ce qui les définit – opinion fausse qui s'accompagne d'une fausse conception de la vertu. Ainsi, les mauvaises et les bonnes choses qui peuvent nous arriver ne viennent pas des dieux, mais des représentations que nous nous en faisons. Les dieux n'interviennent en rien dans les affaires des hommes. Dès lors, cela signifie que nous sommes maîtres de notre bonheur ou tout au moins déjà, les auteurs de notre malheur. Là encore apparaît la question de la liberté. Vaincre les craintes consiste à s'en affranchir, et nous pouvons le faire lorsque nous avons saisi que la nature n'obéit à aucune cause extérieure et à aucune nécessité, lorsque nous reconnaissons une part de contingence dans la nature elle-même.

Commence par te persuader qu'un dieu est un vivant immortel et bienheureux, te conformant en cela à la notion commune qui en est tracée en nous[1]. N'attribue jamais à un dieu rien qui soit en opposition[2] avec l'immortalité ni en désaccord avec la béatitude ; mais regarde-le toujours comme possédant tout ce que tu trouveras capable d'assurer son immortalité et sa béatitude. Car les dieux existent, attendu que la connaissance qu'on en a est évidente[3]. Mais, quant à leur nature, ils ne sont pas tels que la foule le croit[4]. Et celui-là n'est pas impie qui nie les dieux de la foule[5], c'est celui qui attribue aux dieux ce que leur prêtent les opinions de la foule. [124] Car les affirmations de la foule sur les dieux ne sont pas des prénotions, mais bien des présomptions fausses[6]. Et ces présomptions fausses font que les dieux sont censés être pour les méchants la source des plus grands maux comme, d'autre part, pour les bons la source des plus grands biens[7]. Mais la multitude incapable de se déprendre de ce qui est chez elle et à ses yeux le propre de la vertu[8] n'accepte que des Dieux conformes à cet idéal et regarde comme absurde tout ce qui s'en écarte.

Épicure, *Lettre à Ménécée* [123-124],
trad. fr. Octave Hamelin

1. Épicure part ici de la conception traditionnelle des dieux, de leur définition. Il ne développe donc pas un athéisme mais va par contre s'écarter, au prix d'une distinction entre opinion fausse et opinion vraie, de la croyance traditionnelle.
2. Le premier temps de l'argumentation consiste à faire apparaître les contradictions entre la conception traditionnelle et la croyance traditionnelle : des dieux qui s'occuperaient des affaires des hommes et qui réagiraient par la colère ou la bonté à leurs comportements ne seraient pas bienheureux.
3. Là encore, c'est la sensation qui sert de guide. Nous en avons des représentations, donc ils existent, puisque la sensation est vraie.
4. Il faut distinguer la sensation du jugement porté à partir de la sensation.
5. La véritable impiété consiste à ne pas reconnaître les dieux pour ce qu'ils sont.
6. Les prénotions sont les notions générales qu'Épicure oppose ici aux présomptions fausses à savoir les fausses opinions. Les dieux sont l'objet d'une perception non sensible par la partie la plus sensible de notre esprit. Nous nous forgeons des prénotions par répétition et par généralisation de sensations. L'opinion de la masse par contre est immédiate là où la notion commune exige un retour sur soi.
7. La foule considère que le bien est une récompense de la vertu et le mal une punition face au vice. C'est une telle attitude qui conduit à des pratiques superstitieuses et à des craintes infondées puisqu'aucune cause extérieure, nous l'avons vu, n'agit sur la nature.
8. La foule se fait donc une mauvaise représentation de la vertu qui n'est pas à penser en termes de récompense ou de punition. La vertu consistera à vivre heureux.

Questions & Réponses

Qu'est-ce qui nous assure que les dieux existent ?

Épicure affirme l'existence des dieux. Nous avons des images des dieux et dans ces images, les dieux ont des formes humaines. Comment s'assurer que ces images sont bien celles de dieux véritables et non de vaines images ? Au moins deux arguments peuvent être présentés : si la sensation n'a pas de mémoire et est silencieuse, la connaissance se construit par la rétention de sensations similaires comme nous venons de le voir. Nous en avons des prénotions. Or, si nous avons des images, c'est que ces images renvoient à une réalité puisqu'elles sont le résultat de simulacres. Le deuxième argument renvoie à la question de l'affection. Puisque la nature nous guide, nous pouvons distinguer deux types d'affections à l'égard des dieux, celles qui nous font souffrir, celles qui participent de notre bonheur. Les affections qui nous font souffrir sont la crainte des dieux, celles qui sont heureuses correspondent à ce moment où nous parvenons à vivre « comme des dieux parmi les hommes ». Les dieux nous affectent positivement lorsqu'ils sont des modèles d'être bienheureux. C'est la bonne affection qui est ici le critère. Il ne faut donc pas se méprendre sur le sens qui est accordé au terme dieux ici en ayant une conception anthropomorphique de ces derniers. Toutefois, certaines analyses iront jusqu'à dire qu'Épicure n'a gardé de dieu que le nom.

En quoi les prières sont-elles synonymes d'impiété ?

La foule considère comme pieuses ses pratiques superstitieuses. Or, ces pratiques reposent sur une mauvaise conception des dieux, conception qui travestit leur nature en pensant qu'ils interviennent dans les événements du monde. Contrairement à l'opinion commune, la véritable piété consiste donc à rompre avec l'attitude impie qui adresse des demandes et à regarder les choses telles qu'elles sont avec sérénité.

Texte 5

Faut-il avoir peur de mourir ?

Si le but de notre existence est bien le bonheur, la question de la mort apparaît comme centrale, tout d'abord parce qu'elle est communément considérée comme l'horizon de la vie et ensuite parce que sa perspective nous angoisse. Si le bonheur exige de se défaire des peurs, il semble alors nécessaire d'interroger notre rapport à la mort. Épicure va donc nous montrer en quoi la crainte de la mort est infondée. Avant tout, ce n'est pas la mort en général qui est abordée ici, mais notre propre mort. Parce que nous savons que nous allons mourir, bien souvent, nous tombons dans la superstition et nous pouvons saisir aisément comment les mythes et les religions peuvent se construire sur cette crainte qui spécule sur les conséquences de notre vie dans l'au-delà. Cette première question vient d'être réglée. Toutefois, il n'en demeure pas moins que nous continuons à redouter notre propre mort et à vivre dans l'inquiétude. Or, c'est encore une fois une fausse opinion qui nous envahit. En effet, la mort n'est rien d'autre que la non-vie. Avoir peur de la mort, c'est redouter ce qui va nous arriver, que cela soit bien ou mal, même si c'est le mal que nous redoutons avant tout, lorsque nous ne serons plus en vie. Bien penser, c'est comprendre que nous ne pourrons rien ressentir puisque la mort est absence de sensation – là encore la sensation est le critère – et que jamais nous ne pourrons être à la fois vivant et mort. Comme l'étude de la nature a pu nous le montrer, notre corps et notre âme, composés d'atomes, se dissoudront dans la mort et plus aucune sensation ne sera possible. Autrement dit, la mort ne sera jamais pour nous un présent, jamais nous ne pourrons dire « je suis mort ». Dès lors, notre crainte n'a aucun objet puisque la mort n'est rien ni pour nous vivants, ni pour les morts. Puisqu'ils ne sont plus, il est absurde de redouter ce qui jamais ne pourra nous arriver. C'est donc bien encore notre rapport à l'avenir qui est engagé ici.

Prends l'habitude de penser[1] que la mort n'est rien pour nous[2]. Car tout bien et tout mal résident dans la sensation[3] – or la mort est privation de toute sensibilité. Par conséquent, la connaissance de cette vérité que la mort n'est rien pour nous nous rend capables de jouir de cette vie mortelle, non pas en y ajoutant la perspective d'une durée infinie, mais en nous enlevant le désir de l'immortalité[4]. Car il ne reste plus rien à redouter dans la vie, pour qui a vraiment compris que hors de la vie, il n'y a rien de redoutable[5]. On prononce donc de vaines paroles quand on soutient que la mort est à craindre non parce qu'elle sera douloureuse étant réalisée, mais parce qu'il est douloureux de l'attendre. Ce serait en effet une crainte vaine et sans objet que celle qui serait produite par l'attente d'une chose qui ne cause aucun trouble par sa présence[6]. Ainsi celui de tous les maux qui nous donne le plus d'horreur, la mort, n'est rien pour nous, puisque, tant que nous existons nous-mêmes, la mort n'est pas, et que, quand la mort existe, nous ne sommes plus. Donc la mort n'existe ni pour les vivants ni pour les morts[7], puisqu'elle n'a rien à faire avec les premiers, et que les seconds ne sont plus.

Épicure, *Lettre à Ménécée* [124-125],
trad. fr. Octave Hamelin

1. Nous retrouvons ici la dimension pratique de la pensée : l'habitude de penser transforme notre manière de vivre. Mais l'habitude est aussi ce qui, à force de répétitions, permet de se forger de bonnes opinions comme nous avons pu le voir dans le texte précédent à propos des dieux. La sensation en elle-même ne constitue pas une connaissance, la sensation n'a pas de mémoire, les prénotions se forment par la généralisation et la répétition empêchant alors les fausses présomptions. Nous sommes donc la cause aussi bien des opinions vraies que des opinions fausses.
2. Ce n'est d'abord pas la mort en général qu'Épicure aborde ici, mais le rapport à notre propre mort. La mort n'est rien pour nous et elle n'est pas à redouter, mais on pourrait redouter la mort de l'autre, la mort d'un proche alors que nous serons encore en vie et que nous en ferons l'expérience. C'est la raison pour laquelle Épicure précise « pour nous » ici. Rien n'empêche que nous puissions être attristés de la mort de l'autre.
3. La sensation est bien le critère de la vérité, elle est ce qui nous guide.
4. La pensée que nous sommes mortels est même bénéfique. Ce désir d'immortalité qui pourrait nous rendre malheureux parce qu'impossible ne se déploie qu'en réaction à une crainte infondée. Le comprendre, c'est saisir sa vanité. Le désir disparaît alors de lui-même.
5. On pourrait penser ici qu'il n'y a pas que la mort à redouter : nous pouvons redouter, par exemple, la douleur et la formule peut paraître bien radicale. La suite de la *Lettre* analysera la question du plaisir et de la douleur afin de montrer en quoi cette dernière n'est pas non plus à redouter.
6. La mort ne sera jamais pour nous un présent. Seule la vie est présente. La crainte de la mort nous installe dans un rapport à l'avenir vide de sens. Il s'agit de combattre la cause des troubles et la cause du malheur, la mort ne peut pas être une cause.
7. Après avoir abordé le rapport que nous entretenons à notre propre mort, Épicure généralise ici le propos : la mort n'est rien non plus pour les morts puisqu'ils ne vivent plus. Il n'y a quelque chose que là où une sensation est possible.

Questions & Réponses

Ne peut-on pas supposer que quelque chose de nous perdure dans la mort ?

Si quelque chose de nous demeure dans la mort, ce qui nous fait d'ailleurs souvent la redouter, cette chose ne peut être qu'un corps composé d'atomes. Or, la mort est dislocation des corps. On pense alors parfois que notre âme ou notre esprit demeurent, mais une telle approche reviendrait à présupposer que l'âme est immatérielle et que seul le corps meurt. Or, ceci est en contradiction avec les principes de la nature puisqu'il n'existe que des atomes et du vide. L'âme, dans la mort, disparaît au sens où les atomes qui la composaient se séparent. C'est d'ailleurs une des raisons qui fait qu'il n'y a plus de sensations.

Même si nous ne vivrons jamais notre mort, cela signifie-t-il que la mort n'est rien pour nous ?

Nous pourrions distinguer le fait que la mort n'est rien pour nous parce qu'elle ne sera jamais un présent, du fait de se savoir mortel. Dire que la mort n'est rien pour nous revient alors à effacer toute relation avec la mort. Or, on pourrait ici se demander si, comme le dit Lévinas, philosophe du XXe siècle, dans *Le Temps et l'autre*, la mort « n'est pas une relation unique avec l'avenir ». Car s'il y a une partie de notre avenir qui est en notre pouvoir, comme le soulignera Épicure, la mort est disparition de tout pouvoir. Quoiqu'il en soit, cela ne justifie pas que l'on fasse de la mort un objet de crainte. On peut distinguer alors différentes approches de la mort. Il y a la mort comme absence de sensations, conçue donc comme le contraire de la vie, mais il y a aussi la mort comme prise de conscience de notre finitude.

Texte 6
Comment vivre le temps présent ?

Après avoir montré le caractère infondé de notre crainte de la mort, Épicure revient sur l'attitude changeante et contradictoire de la foule habitée par de fausses opinions afin de l'opposer à celle du sage. La maîtrise de nos représentations nous conduit à une nouvelle appréhension de la réalité. Ainsi, connaître sa condition permet de jouir pleinement de la vie puisque nous faisons porter toute notre attention sur le temps limité qui est le nôtre. Méditer sur la mort ne consiste pas à se préparer à la mort, mais à se donner les moyens de bien vivre. Les analyses d'Épicure s'opposent aussi bien à celles de Platon qu'à celles, à venir, du christianisme : libérer l'âme ne consiste pas à nier le corps car il n'y a pas de vie sans corps. La notion de limite n'est pas alors à penser comme une restriction, une diminution, mais, bien au contraire, comme la condition d'une augmentation de l'intensité de la vie. La question est celle de la qualité et non de la quantité : nous pouvons alors vivre le temps qualitativement et non plus quantitativement. C'est dans cette perspective que se dessine le portrait du sage sur lequel la fin de la *Lettre* reviendra et qu'est également introduite la question du plaisir qui fera l'objet d'une analyse centrale lorsqu'il s'agira de définir positivement le bonheur. Dès lors, comment vivre notre vie ? Si l'analyse de nos craintes nous a montré qu'il fallait fuir toutes les mauvaises représentations de l'avenir, elle nous rappelle alors qu'il nous reste une part essentielle de liberté lorsqu'on a cessé de croire faussement au destin et à la nécessité absolue. Se savoir mortel ne revient pas à désespérer de la vie, mais à ne pas avoir ces faux espoirs qui font notre malheur.

Mais la multitude tantôt fuit la mort comme le pire des maux, tantôt l'appelle comme le terme des maux de la vie[1]. Le sage, au contraire, ne fait pas fi de la vie et il n'a pas peur non plus de ne plus vivre : car la vie ne lui est pas à charge, et il n'estime pas non plus qu'il y ait le moindre mal à ne plus vivre. De même que ce n'est pas toujours la nourriture la plus abondante que nous préférons, mais parfois la plus agréable, pareillement ce n'est pas toujours la plus longue durée qu'on veut recueillir, mais la plus agréable[2]. Quant à ceux qui conseillent aux jeunes gens de bien vivre et aux vieillards de bien finir[3], leur conseil est dépourvu de sens, non seulement parce que la vie a du bon même pour le vieillard, mais parce que le soin de bien vivre et celui de bien mourir ne font qu'un. On fait pis encore quand on dit qu'il est bien de ne pas naître[4], ou, « une fois né, de franchir au plus vite les portes de l'Hadès ». Car si l'homme qui tient ce langage est convaincu, comment ne sort-il pas de la vie ? C'est là en effet une chose qui est toujours à sa portée, s'il veut sa mort d'une volonté ferme. Que si cet homme plaisante, il montre de la légèreté en un sujet qui n'en comporte pas. Rappelle-toi que l'avenir n'est ni à nous ni pourtant tout à fait hors de nos prises[5], de telle sorte que nous ne devons ni compter sur lui comme s'il devait sûrement arriver, ni nous interdire toute espérance[6], comme s'il était sûr qu'il dût ne pas être.

Épicure, *Lettre à Ménécée* [126-127],
trad. fr. Octave Hamelin

1. Les opinions de la multitude sont souvent changeantes et ceci parce qu'elles sont fausses.
2. Épicure introduit ici le thème du plaisir qui sera développé par la suite. Le critère de la vie bonne est l'agréable. Là encore, revient la question de la sensation qui est notre guide.
3. Comme le soulignait le début de la *Lettre*, ce n'est pas le nombre des années qui fait la sagesse. Il n'y a pas une philosophie pour les jeunes et une autre pour les vieux, il n'y a qu'une seule philosophie parce qu'il n'y a qu'une seule vie et la philosophie se définit comme une attention à ce qui est en rejetant toutes les fausses opinions et toutes les spéculations abstraites.
4. Épicure rejette tout discours qui, face au constat de notre condition de mortels, affirmerait que la vie n'a aucune valeur.
5. La question de l'avenir est centrale dans la réflexion d'Épicure, car ce sont les mauvaises représentations de l'avenir qui font notre malheur. L'analyse de la nature nous a montré qu'il n'y avait aucune nécessité absolue et l'introduction d'une contingence permet ainsi de laisser une place pour la liberté. Certes, nous ne pouvons pas avoir une maîtrise totale de notre avenir, mais une vie réfléchie et le rejet des craintes peuvent déjà le modifier lorsque nous cessons d'être animés par des désirs impossibles qui conduiront nécessairement à notre malheur. Se trouvent annoncées ici les réflexions à venir sur le désir.
6. Se savoir mortel ne doit pas conduire à désespérer de la vie. Au contraire, en se libérant des faux espoirs, il reste une place pour se réjouir de ce qui peut nous arriver, là encore, parce qu'il n'y a aucune nécessité absolue.

Questions & Réponses

Si nous sommes mortels, la vie-a-t-elle un sens ?

Se savoir mortel pourrait conduire à considérer que la vie n'a pas de sens puisque nous sommes conduits inéluctablement vers la mort. Mais cela revient à penser que le sens et la valeur à accorder à la vie lui viennent que d'elle-même et de rien d'extérieur. Or, il n'y a rien d'autre que ce qui est, et ce qui est, est la nature, composée d'atomes et de vide. Toute notre attention doit porter sur ce que nous sommes, des êtres vivants. Seule la vie, pour nous, a de la valeur. Dès lors, le sens que nous pouvons lui donner consiste à vivre de manière heureuse et sage.

Bien mourir, est-ce apprendre à mourir ?

Bien mourir est synonyme de bien vivre puisque la mort n'est rien pour nous. Bien mourir c'est vivre sagement, non pas en se préparant à la mort, en apprenant à mourir, mais en apprenant à vivre puisqu'il n'y a pour nous rien d'autre que la vie. C'est pourquoi d'ailleurs il n'y a pas d'âge pour philosopher et être heureux – et le vieillard n'a pas à se préparer à mourir, il a simplement à continuer de faire en sorte de bien vivre c'est-à-dire de vivre heureux.

Troisième partie
Ce qu'il faut faire pour être heureux

Nous ne pouvons nous satisfaire entièrement d'une définition négative du bonheur présenté comme une absence de peurs, une absence de craintes et d'angoisses. Là encore, l'expérience sensible nous guide : lorsque nous sommes heureux, nous sommes tout entiers à ce que nous faisons, nous sommes pleinement présents à nous-mêmes. Le bonheur est donc bien plénitude et présence à soi et c'est dans le plaisir que nous l'éprouvons comme une évidence : nous nous sentons bien. C'est pourquoi la recherche de la vie bonne est liée à la satisfaction du désir : l'épicurisme est un hédonisme. Pourtant, si comme nous l'avons vu, pour vivre pleinement il faut cesser de faire de l'avenir un objet de craintes en faisant porter toute son attention sur ce qui est, en refusant de se projeter vers ce qui n'est pas, et ceci, conformément à ce que nous savons désormais de la nature, il n'en demeure pas moins que nous sommes également des êtres de désirs. Telle est notre nature. La recherche du plaisir fait naître des désirs. Et désirer, c'est d'abord, semble-t-il, toujours éprouver un manque, une absence. Désirer, c'est nous projeter dans le futur en visant ce que nous n'avons pas. Dès lors se pose la question suivante : que faire de nos désirs ? C'est pourquoi Épicure va commencer par analyser cette tension vers l'avenir subordonnée à la santé du corps et de l'âme. Face au manque éprouvé dans le désir, il faut opposer la satisfaction. Mais cela ne peut avoir de sens que si l'on s'attache à éviter toute frustration en évitant les désirs qui produiront de nouveaux manques. Cette analyse des désirs va donc consister en un calcul, afin de déterminer lesquels de nos désirs sont compatibles avec le bonheur et lesquels ne le sont pas → *Texte 7 : Faut-il suivre tous ses désirs ?*

Si nous voulons être heureux, nous ne devons pas nous perdre. Il serait donc insensé de chercher à satisfaire tous nos désirs. En voulant l'irréel, nous voulons le vide. Or, la nature a horreur du vide. Elle nous invite à tendre vers la plénitude. Pour ne pas nous perdre, il nous faut donc poser des limites. Ce sont le plaisir illimité, la débauche et les excès qui nous rendent malheureux ou nous font croire à l'illusion du bonheur sans jamais nous permettre de combler le manque. L'absence de limites est synonyme d'imperfection. Il faut donc délimiter, définir, et ce rôle incombe à la philosophie. À travers le plaisir, la nature nous indique la voie du bonheur et philosopher c'est faire en sorte de nous rapprocher de notre nature. La philosophe devient ainsi le porte-parole de la nature. Être heureux suppose de ne pas se tromper, de ne pas prendre un mal pour un bien. Parce que nous guidons aussi nos choix par nos opinions, nos représentations, le risque est grand de tomber dans l'erreur : la vie sociale, le regard des autres, tendent souvent à nous détourner de la nature et nous comprenons ici le rejet qu'Épicure peut faire de la vie politique. Il va donc être nécessaire de calculer et de se demander quels plaisirs il faut choisir non pas parce qu'il y aurait de mauvais plaisirs, mais parce que nous serions mal orientés dans nos choix ➔ *Textes 8 : Peut-il y avoir une morale du plaisir ? et 9, Faut-il rechercher tous les plaisirs ?*

C'est ainsi le raisonnement vigilant qui, en dernière instance, engendre la vie heureuse, tout d'abord en libérant des craintes, puis en calculant, à partir de ce que nous indique la nature, comment atteindre la vie bonne. Les analyses d'Épicure rompent alors radicalement avec toute conception qui tend à considérer le calcul comme immoral. C'est en ce sens qu'Épicure va opposer à la philosophie l'éthique véritable. Cette opposition peut sembler bien étrange après avoir insisté sur le rôle central de la philosophie. Reste alors à se demander ce qu'Épicure désigne ici sous le terme de philosophie en faisant de la prudence le plus grand des biens ➔ *Texte 10 : Qu'est-ce qu'être prudent ?*

Texte 7
Faut-il suivre tous ses désirs ?

Le désir est une tension vers le futur. Dès lors, le risque est grand qu'il nous détourne de la vie présente en nous installant dans l'attente et dans la frustration. Afin de ne pas être tenaillé par le manque, il est donc nécessaire d'analyser nos désirs parce qu'ils ne sont pas tous identiques. Notons immédiatement que, dans ces conditions, le corps a une place aussi importante que l'âme. Nous l'avons déjà vu, il ne s'agit pas de nier le corps et de penser le bonheur dans un ailleurs. Épicure ne prône pas pour autant ici une simple vie dans l'instant, ce qui ne reviendrait à ne penser tout désir qu'à partir de sa satisfaction immédiate. Il faut opérer un calcul dans un rapport à l'avenir puisqu'il n'est pas « entièrement hors de notre portée ». C'est encore la nature qui va nous servir de guide. C'est pourquoi Épicure va commencer à distinguer les désirs naturels des désirs vains qui reposent sur une opinion fausse et qui font que nous sommes toujours au-delà de nous-mêmes. Se défaire de ces opinions revient alors à ne plus éprouver de tels désirs ; l'exemple du désir d'immortalité nous le montre. La connaissance est bien condition de la vie bonne. Toutefois, tous les désirs naturels ne sont pas à suivre nécessairement. Si le but est le plaisir, il faut distinguer les désirs dont la non-satisfaction est source de douleur, de ceux qui parfois pourraient conduire à éprouver de la douleur. À l'égard de ces seconds, c'est encore le calcul des conséquences qui nous permettra de choisir en ayant toujours comme critère la sensation, douloureuse cette fois. C'est donc en permanence en fonction de la sensation douloureuse ou agréable que le choix doit s'opérer, et ceci parce que nous nous sommes libérés des fausses opinions et que nous sommes libres de nous déterminer. Ainsi, lorsque le manque disparaît et nous pouvons atteindre la tranquillité de l'âme et du corps.

Il faut se rendre compte que parmi nos désirs les uns sont naturels[1], les autres vains[2], et que, parmi les désirs naturels les uns sont nécessaires et les autres naturels seulement[3]. Parmi les désirs nécessaires, les uns sont nécessaires pour le bonheur, les autres pour la tranquillité du corps, les autres pour la vie même. Et en effet une théorie non erronée des désirs doit rapporter tout choix et toute aversion à la santé du corps et à l'ataraxie de l'âme[4], puisque c'est là la perfection[5] même de la vie heureuse. Car nous faisons tout afin d'éviter la douleur physique et le trouble de l'âme. Lorsqu'une fois nous y avons réussi, toute l'agitation de l'âme tombe, l'être vivant n'ayant plus à s'acheminer vers quelque chose qui lui manque, ni à chercher autre chose pour parfaire le bien-être de l'âme et celui du corps. Nous n'avons en effet besoin du plaisir que quand, par suite de son absence, nous éprouvons de la douleur ; et quand nous n'éprouvons pas de douleur nous n'avons plus besoin du plaisir.

Épicure, *Lettre à Ménécée* [127-128],
trad. fr. Octave Hamelin

1. Manger, boire, avoir chaud...sont des désirs nécessaires, ce que nous désignerions aujourd'hui plutôt sous le terme de besoins. Mais parmi ces désirs, on peut également citer l'amitié qui met fin aux luttes et aux querelles et qui amène la tranquillité entre les hommes.
2. L'immortalité, l'intervention des dieux... reposent sur une opinion fausse. Mais ces désirs sont de plus en plus nombreux à mesure que la civilisation se développe. Ainsi, des désirs d'abord naturels, comme manger, peuvent devenir des désirs vains lorsqu'ils deviennent illimités. De même les honneurs, la richesse, le pouvoir apparaissent comme des désirs vains qui n'ont pas vraiment d'objet déterminé. Nous pouvons alors remarquer que tous ces désirs prennent leur source dans les craintes que nous avons évoquées : crainte de la mort, crainte de l'avenir.
3. Les désirs nécessaires sont ceux qui permettent la conservation de la vie. L'homme subit des pertes d'atomes, il faut donc les compenser. Parmi les désirs naturels non nécessaires on peut penser par exemple au plaisir sexuel. Dans ce cas, il faut que les avantages soient supérieurs aux inconvénients.
4. Le corps a une place aussi importante que l'âme et ceci parce que ce sont les sensations et les affections qui sont critères de vérité. Épicure ne pense pas le bonheur à travers une négation du corps. L'ataraxie qui est l'état de l'âme libérée des troubles n'est pas pour autant à elle seule synonyme de bonheur, elle est liée à la santé du corps car l'absence de troubles ne signifie pas l'absence d'affections c'est pourquoi le bonheur va être lié à la recherche de plaisirs.
5. La perfection suppose une limitation. Limiter, c'est définir, circonscrire. Ce qui est illimité est ce qui est indéfini. Ainsi, la limitation raisonnée des désirs est synonyme de perfection.

Questions & Réponses

Quelle est la différence entre les désirs et les besoins ?

Ce qu'Épicure désigne sous le nom de désirs naturels nécessaires est ce que nous nommerions besoins. Le besoin, en effet, est ce qui relève d'une nécessité, il est ce sans quoi nous ne pouvons pas vivre. Le désir, à la différence du besoin, se nourrit d'imaginaire, de représentations. Tout notre malheur vient alors de la confusion entre désir et besoin, là où nous construisons une fausse théorie du désir.

Qu'est-ce que la théorie erronée des désirs ?

La théorie erronée du désir est celle qui ne parvient pas à opérer une distinction parmi les désirs et qui reste entachée alors de fausses représentations, de fausses opinions en confondant ce qui est nécessaire avec ce qui ne l'est pas. Pour le dire en d'autres termes, nous sommes malheureux lorsque des désirs sont devenus des besoins. C'est le cas, par exemple, de toute addiction qui nous met alors dans un rapport de dépendance.

Peut-on considérer que les besoins sont définis une fois pour toutes ?

Ils risquent de ne pas l'être pour ceux qui opèrent un mauvais calcul et qui ne pensent pas conformément à notre nature. C'est pourquoi Épicure voit dans la vie sociale un certain danger. Celle-ci crée de nouveaux désirs que nous finissons par prendre pour des besoins. C'est pourquoi également il faut faire de la philosophie.

Texte 8
Peut-il y avoir une morale du plaisir ?

Puisque la sensation et l'affection sont les critères et nous donnent les règles, il s'ensuit que tout plaisir est un bien. Le bien n'est pas, en effet, affaire de contemplation, il est ce qui est vécu. Épicure s'oppose ici aussi bien à Platon qu'à Aristote. Platon faisait de l'Idée de Bien l'objet d'une vision de l'esprit, d'une *theoria*. Aristote reconnaissant une place au plaisir distingue néanmoins la contemplation des plaisirs du corps qui restent toujours grossiers. Or Épicure nous a montré que tout n'est que matière, que la sensation est vraie, que la philosophie est un art de vivre. Dès lors, bien vivre – et la question est ici morale – c'est atteindre le plaisir parce qu'on ne peut chercher de critères autres que ceux conformes à la sensation et aux affections, parce que rejeter le plaisir, c'est rejeter la vie, c'est nier la seule chose qui est. Et pourtant, nous voici face à un paradoxe : si tout plaisir est un bien, tout plaisir ne doit pas être suivi pour autant. Il y a plaisir lorsqu'il y a conformité entre un corps extérieur et le nôtre, mais nous pouvons constater que certains plaisirs s'accompagnent ou sont suivis de douleurs ou de peines plus fortes. Dans ce cas, le désir n'est pas à satisfaire car le plaisir que nous éprouverons sera plus faible que la douleur en résultant. Ce qui nous permet alors de juger est l'affection : il faut donc s'adapter aux circonstances. Il peut y avoir du mal à se faire du bien, non pas parce qu'il est condamnable de se faire du bien – rien n'est condamnable dans l'absolu –, mais parce que le bien immédiat peut conduire à une douleur plus grande. Nous ne pouvons pas juger *a priori* de ce qui est bon, car il n'y a pas de principe moral *a priori* : nous n'avons pas affaire à une morale de devoirs prescrits extérieurement aux conduites à suivre, il n'y a pas de normes transcendantes. Le plaisir est à la fois critère d'évaluation et fin de notre action, il est souverain bien et l'éthique est un art de vivre.

C'est pourquoi nous disons que le plaisir est le commencement et la fin de la vie heureuse[1]. En effet, d'une part, le plaisir est reconnu par nous comme le bien primitif et conforme à notre nature[2], et c'est de lui que nous partons pour déterminer ce qu'il faut choisir et ce qu'il faut éviter[3] ; d'autre part, c'est toujours à lui que nous aboutissons, puisque ce sont nos affections qui nous servent de règle pour mesurer et apprécier tout bien quelconque si complexe qu'il soit. Mais, précisément parce que le plaisir est le bien primitif et conforme à notre nature, nous ne recherchons pas tout plaisir[4], et il y a des cas où nous passons par-dessus beaucoup de plaisirs, savoir lorsqu'ils doivent avoir pour suite des peines qui les surpassent ; et, d'autre part, il y a des douleurs que nous estimons valoir mieux que des plaisirs[5], savoir lorsque'après avoir longtemps supporté les douleurs, il doit résulter de là pour nous un plaisir qui les surpasse. Tout plaisir, pris en lui-même et dans sa nature propre, est donc un bien, et cependant tout plaisir n'est pas à rechercher[6] ; pareillement, toute douleur est un mal, et pourtant toute douleur ne doit pas être évitée. En tout cas, chaque plaisir et chaque douleur doivent être appréciés par une comparaison des avantages et des inconvénients à attendre. Car le plaisir est toujours le bien, et la douleur le mal, seulement il y a des cas où nous traitons le bien comme un mal, et le mal, à son tour, comme un bien[7].

Épicure, *Lettre à Ménécée* [129-130],
trad. fr. Octave Hamelin

1. Le commencement, car l'homme recherche naturellement le plaisir et fuit naturellement la douleur, la fin, car le plaisir est ce que nous recherchons pour être heureux. La fin n'est pas prescrite, elle est donc un donné.
2. Le plaisir est un bien, cela signifie que toutes les valeurs doivent s'y rapporter et ce serait aller contre notre nature que de ne pas le rechercher. Il faut, au contraire, retrouver le jugement de la nature. En outre, le plaisir de l'âme et celui du corps sont de même nature. En effet, Épicure ne distingue pas ici comme Platon les bons plaisirs qui seraient ceux de l'âme des mauvais qui seraient ceux du corps et ceci parce que le corps et l'âme sont de même nature.
3. C'est à partir de nos affections que nous pouvons juger et choisir. Le plaisir est donc le critère de notre jugement. Le refus et le choix sont au cœur de l'éthique : bien vivre c'est bien choisir sa vie.
4. C'est ici qu'Épicure nous renvoie à un paradoxe : à la fois tout plaisir est un bien, mais tout plaisir n'est pas à rechercher c'est pourquoi il est nécessaire de pratiquer une arithmétique des plaisirs.
5. Il se peut que nous devions supporter un traitement qui implique une certaine douleur pour recouvrer la santé par exemple.
6. Il faut distinguer le plaisir de ses conséquences et c'est au regard de ces dernières qui seront évaluées par rapport au plaisir que nous devons déterminer quand nous devons ou non le rechercher. Épicure ici refuse tout excès et toute attitude non maîtrisée.
7. Il n'y a pas de bien en soi, absolu, en dehors de ce que nous vivons et ressentons. C'est ici que nous pouvons distinguer la morale faite de commandements extérieurs de l'éthique comme art de bien vivre.

Questions & Réponses

N'est-ce pas contradictoire de parler de morale du plaisir ?

Nous considérons traditionnellement la morale comme un ensemble de devoirs qui s'imposent à nous. Dès lors, être moral ne consiste pas à rechercher son plaisir car une telle attitude peut sembler égoïste et uniquement intéressée. Toute détermination pathologique (et le plaisir est de cette nature) semble s'opposer à la morale. Or, Épicure ne nous parle pas de morale ici mais d'éthique. La question n'est pas de faire son devoir, mais de bien vivre.

La théorie d'Épicure ne nous invite-t-elle pas à l'égoïsme ?

La recherche du plaisir n'implique pas une exclusion de l'autre. Au contraire, elle se vit dans le partage avec l'autre. La lutte, le conflit apparaissent bien comme synonymes de douleurs. Or, bien choisir sa vie, c'est choisir en vue d'une disparition de la douleur. C'est pourquoi Épicure va donner toute sa place à l'amitié comme plaisir partagé.

Pourquoi le plaisir est-il conforme à notre nature ?

La sensation est critère de vérité, mais de fait l'affection l'est également. Le plaisir correspond à une affection agréable. Il est ainsi conforme à notre nature de rechercher le plaisir qui nous rend heureux. Le plaisir de manger, par exemple, correspond à une compensation de perte d'atomes. La douleur de la faim est l'absence de cette compensation. Par contre, un plaisir déréglé – par exemple trop manger – peut conduire à une désagrégation de notre corps dans la maladie. C'est pourquoi nous pouvons dire que nous recherchons naturellement le plaisir et le bonheur. Rechercher le plaisir, c'est rechercher la réalisation de ce que l'on est, la réalisation de soi-même.

Texte 9

Faut-il rechercher tous les plaisirs ?

Puisque tous les plaisirs ne sont pas à rechercher et que le plaisir est souverain bien, reste à déterminer quels rapports nous devons entretenir avec le plaisir. Dans ce passage, Épicure va défendre l'idée d'une modération nécessaire, d'une quantité de plaisir minimale pour assurer le bien-être. C'est en effet en termes de quantité et non de qualité que la question est abordée ici. Cette approche peut paraître surprenante là où nous avons vu, dans le rapport à la vie, que cette dernière n'était pas affaire de quantité mais de qualité. Mais ce serait oublier que la question du bonheur est inséparable de celle de la liberté. Nous ne pouvons atteindre le bonheur qu'en nous libérant des craintes et qu'en choisissant avec lucidité nos plaisirs. Or, la liberté suppose des limites pour ne pas se perdre et ne pas retomber dans la dépendance. Ceci implique en premier lieu que le plaisir doit être modéré et en second lieu qu'il doit être stable et non changeant et fugitif. La quantité risque sans cesse de nous disperser, de nous détourner de nous-mêmes et de notre nature. Le bonheur n'est pas une question d'avoir, mais un état, une question d'être. C'est en ce sens, qu'en faisant du plaisir le commencement et la fin de la vie heureuse, Épicure ne prône en aucun cas la débauche. Bien au contraire, il faut se contenter de peu. Il ne s'agit pas pour autant de se priver dans le seul but de se priver, une telle attitude risquerait de nous faire éprouver de nouveau le manque, il s'agit de s'habituer à être toujours satisfait sans exclure, au cas où nous aurions davantage – mais nous ne maîtrisons pas entièrement l'avenir –, de nous en réjouir car ce qui nous advient aurait pu ne pas être et cela nous donne une raison de plus pour nous en réjouir ! C'est pourquoi le plaisir nous permettant de bien vivre est inséparable de la réflexion. Contre ceux qui n'ont vu dans ces paroles que l'apologie animale du plaisir, Épicure nous montre que le bien est la conscience réfléchie de notre propre nature.

C'est un grand bien à notre avis que de se suffire à soi-même[1], non qu'il faille toujours vivre de peu, mais afin que si l'abondance nous manque, nous sachions nous contenter du peu[2] que nous aurons, bien persuadés que ceux-là jouissent le plus vivement de l'opulence qui ont le moins besoin d'elle, et que tout ce qui est naturel est aisé à se procurer, et ce qui ne répond pas à un désir naturel, malaisé à se procurer. En effet, des mets simples donnent un plaisir égal à celui d'un régime somptueux si toute la douleur causée par le besoin est supprimée, et, d'autre part, du pain d'orge et de l'eau procurent le plus vif plaisir à celui qui les porte à sa bouche après en avoir senti la privation. L'habitude[3] d'une nourriture simple et non celle d'une nourriture luxueuse[4], convient donc pour donner la pleine santé, pour laisser à l'homme toute liberté de se consacrer aux devoirs nécessaires de la vie, pour nous disposer à mieux goûter les repas luxueux, lorsque nous les faisons après des intervalles de vie frugale, enfin pour nous mettre en état de ne pas craindre la mauvaise fortune. Quand donc nous disons que le plaisir est le but de la vie, nous ne parlons pas des plaisirs de l'homme déréglé[5], ni de ceux qui consistent dans les jouissances matérielles, ainsi que l'écrivent des gens qui ignorent notre doctrine, ou qui la combattent et la prennent dans un mauvais sens. Le plaisir dont nous parlons est celui qui consiste, pour le corps, à ne pas souffrir et, pour l'âme, à être sans trouble. Car ce n'est pas une suite ininterrompue de jours passés à boire et à manger, ce n'est pas la jouissance des jeunes garçons et des femmes, ce n'est pas la saveur des poissons et des autres mets que porte une table somptueuse, ce n'est pas tout cela qui engendre la vie heureuse ; mais c'est le raisonnement vigilant, capable de trouver en toute circonstance les motifs de ce qu'il faut choisir et de ce qu'il faut éviter, et de rejeter les vaines opinions d'où provient le plus grand trouble des âmes[6].

Épicure, *Lettre à Ménécée* [130-132],
trad. fr. Octave Hamelin

1. Cette autosuffisance est aussi ce qu'on désigne par le terme d'autarcie, à savoir la capacité à se satisfaire de ce qui est à notre disposition. Épicure ne prône pas ici l'ascèse qui consisterait à limiter négativement les désirs, mais affirme la nécessité d'une limite positive, condition de la liberté.
2. Savoir se contenter de peu ne consiste pas à se priver dans le simple but de se priver. Épicure ne dit pas qu'il faut vivre avec peu mais qu'il faut savoir vivre avec peu. Le but est le bonheur. Par ailleurs, si nous pouvons choisir nos plaisirs, ce qui fait que notre avenir n'est pas entièrement indépendant de nous, la contingence fait que notre avenir n'est pas non plus entièrement à nous. Dès lors, se contenter de peu n'exclut pas que nous puissions nous réjouir de recevoir plus. La contingence est une condition de notre bonheur.
3. L'habitude occupe une place centrale ici, la philosophie est pratique, et la répétition et ce qui permet à la connaissance de se constituer.
4. Le modèle suivi est celui du corps, il s'agit ici d'exemples, mais le plaisir n'est pas que le plaisir du corps, il est aussi celui de l'âme qui est de même nature que le corps.
5. Épicure rejette ici les fausses lectures qui confondent l'hédonisme et la débauche. L'absence de règles peut être comprise comme une absence de limites mais aussi comme une mauvaise compréhension des règles de la canonique. Or, les règles de la canonique reposent sur l'analyse de la sensation. Ainsi, c'est bien à partir d'une analyse de la sensation puis de l'affection et donc de la nature que nous parvenons à l'éthique.
6. Épicure résume ici les acquis de la *Lettre* en montrant que l'idéal de vie est raisonnable.

Questions & Réponses

Pourquoi se suffire à soi-même est-il le plus grand bien ?

L'autarcie est absence de dépendance. L'autarcie est la capacité qu'a le sage de se suffire à lui-même, de n'attendre ni des dieux ni des autres hommes ce que sa raison peut mettre à sa portée. Ce n'est pas un égoïsme facile. Dans l'autarcie, nous nous donnons les moyens de maîtriser notre vie, nous sommes pleinement libres et nous nous satisfaisons pleinement de ce que nous sommes et de ce que nous vivons. C'est donc le plus grand bien puisqu'elle correspond à l'état de bonheur, ce souverain bien que nous recherchons.

Se suffire à soi-même, est-ce exclure les autres ?

Se suffire à soi-même n'implique pas une exclusion des autres. C'est la différence qui sera faite entre l'amitié et la vie politique. C'est bien plus dans la recherche débridée des plaisirs et dans les désirs incontrôlés que l'autre est exclu ou tout au moins pris comme un moyen dans la course infinie à la satisfaction. La conséquence de cette idée est la recherche par Épicure d'une communauté autarcique qui, dans toute la mesure du possible, ne dépend pas du reste du monde.

Pourquoi ce qui ne répond pas à un désir naturel est-il difficile à se procurer ?

Parce que ce qui ne correspond pas à un tel désir conduit à une insatisfaction permanente ainsi qu'à l'expérience constante d'un manque et d'un vide.

Texte 10
Qu'est-ce qu'être prudent ?

Les plaisirs ne doivent pas être illimités afin de ne pas se perdre, mais qui pose la limite ? Ce ne peut être le corps seul qui n'anticipera aucune douleur, c'est donc la pensée en tant qu'elle est conforme à la nature. C'est pourquoi il faut philosopher pour être heureux. Et pourtant, Épicure nous dit qu'il y a un bien à mettre au-dessus de la philosophie : la prudence. On pourrait comprendre cette remarque de plusieurs manières au moins : soit il s'agit de viser la philosophie de Platon et d'Aristote, pour qui la philosophie est une fin en elle-même, soit Épicure revient implicitement sur la distinction opérée des trois parties de la philosophie que sont la canonique, la physique et l'éthique afin de montrer que c'est l'éthique, à savoir la sagesse pratique que l'on doit placer au sommet. La prudence n'est pas synonyme d'attitude timorée ou retenue. Ce qu'il désigne ici par prudence est l'intellect mis au service de l'action humaine. Elle est nécessaire au bonheur car elle enseigne les ingrédients du bonheur. Elle suscite les autres vertus, elle constitue donc la vertu première. Mais elle est aussi synonyme de bonheur. Si nous ne pensons pas bien, nous ne vivrons pas bien, nous ne serons pas heureux et nous ne nous comporterons pas bien. Notre rapport aux autres est engagé. La prudence conduit à la vie agréable et la vie agréable conduit à bien se comporter et si nous ne nous comportons pas bien, nous ne serons pas heureux. La prudence conduit à ce plaisir qui nous rend heureux et lorsque nous sommes heureux, nous sommes bons. Il y a donc un cercle vertueux ici dont nous ne pouvons pas sortir dès lors que nous avons pris l'habitude de bien penser c'est-à-dire de saisir aussi que la pensée suprême est sagesse pratique.

Or le principe[1] de tout cela et par conséquent le plus grand des biens c'est la prudence. Il faut donc la mettre au-dessus de la philosophie même, puisqu'elle est faite pour être la source de toutes les vertus[2], en nous enseignant qu'il n'y a pas moyen de vivre agréablement si l'on ne vit avec prudence, honnêteté et justice[3], et qu'il est impossible de vivre avec prudence, honnêteté et justice si l'on ne vit agréablement. Les vertus en effet, ne sont que des suites naturelles et nécessaires de la vie agréable et à son tour la vie agréable ne saurait se réaliser en elle-même et à part des vertus[4].

Épicure, *Lettre à Ménécée* [132-133],
trad. fr. Octave Hamelin

1. La prudence, qui désigne la sagesse non pas théorique mais pratique, est la source de tout. Elle est une attention au présent, une attention à la sensation, une attention à l'affection. Elle est nécessaire pour revenir à la nature et choisir alors le plaisir pour le plaisir et donc pour le bonheur. C'est pourquoi elle est le plus grand des biens. Au-dessus de la pensée théorique, il y a la sagesse pratique qui n'est pas seulement ici un moyen pour parvenir à la vie bonne puisqu'elle est la vie bonne elle-même.
2. Par vertu, il faut entendre l'excellence. Elle est alors multiple et peut se rencontrer dans divers domaines qui participent de la vie bonne. C'est le sens de l'énumération qui va suivre.
3. Épicure distingue trois manières de vivre inséparables : la prudence, conseil pour la vie, possibilité de choisir, de réfléchir (notons que la prudence engendre la prudence) ; l'honnêteté, qui consiste à vivre sans honte et en prenant en compte les autres, et la justice permettant aux hommes de vivre ensemble puisque de l'injustice ne peuvent résulter que douleur ou troubles. On ne peut être heureux sans être sage, honnête et juste.
4. La prudence instaure un rapport circulaire entre la vie agréable et les vertus. Les vertus sont les moyens du plaisir. Pour Platon ou les stoïciens, il faut vivre vertueusement même si on en souffre, tandis que pour Épicure la vertu est indissociable du plaisir.

Questions & Réponses

En quoi être vertueux peut-il rendre heureux ?

Nous pourrions avoir tendance à penser que la vertu n'est pas nécessairement synonyme de bonheur. En effet, la vertu se présente souvent comme exigeant une négation des désirs. Or la vertu, définie ici par Épicure, est le fruit de la prudence qui apparaît comme un calcul réfléchi des désirs et des plaisirs. La vertu est donc synonyme de bonheur. L'homme vertueux est l'homme comblé qui n'éprouve plus aucun manque.

Être prudent, est-ce ne prêter attention qu'à soi-même ?

À la prudence, Épicure ajoute ici l'honnêteté et la justice. La sagesse et le bonheur incluent donc le rapport à l'autre. Bien vivre et bien agir suppose de se conduire droitement en prenant en compte la dimension collective de la vie. La justice n'est pas alors à saisir comme une valeur existant en soi, elle doit être saisie en rapport avec la douleur et le plaisir. En ce sens, la justice repose finalement sur le rejet de la douleur. Mais dans ces conditions, cela suppose encore que bien agir, c'est agir dans un souci de l'autre à partir de la question des affections.

Texte 11
Qu'est-ce qu'être sage ?

Le bonheur est possible, il peut même être réel pour celui qui aura médité tous ces principes et qui vivra nécessairement alors en conformité avec eux. Ce bonheur est synonyme de sagesse. C'est pourquoi Épicure termine ainsi sa lettre sur la figure du sage, opposé à l'homme de la foule en commençant par reprendre les quatre enseignements fondamentaux qui ont été transmis : avoir une opinion correcte et respectueuse à l'égard des dieux, ne pas craindre la mort, comprendre que les maux sont faciles à supporter et comprendre que le bien est facile à atteindre. Mais il revient alors sur ce qui est au cœur de la sagesse, à savoir la question de la liberté. Le monde n'est ni entièrement ordonné, ni livré au chaos, il reste donc une place essentielle pour la liberté parce qu'il y a une part de contingence dans le monde. Épicure rejette ainsi toutes les croyances en la nécessité ou en la fortune qui en font des divinités : il n'y a pas de destin et s'il y a parfois des caprices de la fortune, la sagesse permet de les corriger. La liberté s'acquiert par le rejet des craintes puis par la prise de conscience réfléchie de sa propre condition. Chacun peut alors devenir maître de lui-même et de sa propre existence temporelle. Autrement dit, nous pouvons toujours agir et être responsables de notre propre bonheur. Telle est l'éthique : les actes n'ont pas à être jugés de l'extérieur. Mais ceci n'exclut en aucun cas les autres. Bien au contraire, l'éthique est humaine. Elle fait de nous des dieux – des êtres immortels puisque seule la vie est pour nous – et bienheureux, mais parmi les hommes. Tels sont le sens et la valeur de l'amitié, dans laquelle le bonheur se partage avec ses semblables dans un regard paisible jeté sur l'avenir et sur l'univers.

Et maintenant y a-t-il quelqu'un que tu mettes au-dessus du sage ? Il s'est fait sur les dieux des opinions pieuses ; il est constamment sans crainte en face de la mort ; il a su comprendre quel est le but de la nature ; il s'est rendu compte que ce souverain bien est facile à atteindre[1] et à réaliser dans son intégrité qu'en revanche le mal le plus extrême est étroitement limité quant à la durée ou quant à l'intensité ; il se moque du destin dont certains font le maître absolu des choses[2] mais voit que certaines choses arrivent par nécessité, d'autres par la fortune, d'autres dépendent de nous, parce qu'il voit que la nécessité n'est pas responsable[3], que la fortune est instable et que ce qui dépend de nous est sans maître, d'où découlent naturellement le blâmable et son contraire ; et certes mieux vaudrait s'incliner devant toutes les opinions mythiques sur les dieux que de se faire les esclaves du destin des physiciens[4], car la mythologie nous promet que les dieux se laisseront fléchir par les honneurs qui leur seront rendus, tandis que le destin, dans son cours nécessaire, est inflexible ; il n'admet pas, avec la foule, que la fortune soit une divinité – car un dieu ne fait jamais d'actes sans règles –, ni qu'elle soit une cause inefficace : il ne croit pas, en effet, que la fortune distribue aux hommes le bien et le mal, suffisant ainsi à faire leur bonheur et leur malheur, il croit seulement qu'elle leur fournit l'occasion et les éléments de grands biens et de grands maux[5] – enfin il pense qu'il vaut mieux échouer par mauvaise fortune, après avoir bien raisonné, que réussir par heureuse fortune, après avoir mal raisonné ce qui peut nous arriver de plus heureux dans nos actions étant d'obtenir le succès par le concours de la fortune lorsque nous avons agi en vertu de jugements sains. Médite donc tous ces enseignements et tous ceux qui s'y rattachent ; médite-les jour et nuit[6], à part toi et aussi en commun avec ton semblable[7]. Si tu le fais, jamais tu n'éprouveras le moindre trouble en songe ou éveillé, et tu vivras comme un dieu parmi les hommes[8]. Car un homme qui vit au milieu de biens impérissables ne ressemble en rien à un être mortel.

Épicure, *Lettre à Ménécée* [133-135],
trad. fr. Octave Hamelin

1. Épicure énonce ce qu'un de ses disciples, Philodème, appellera plus tard le tetrapharmakos, à savoir le quadruple remède faisant de nouveau référence à la philosophie comme médecine.
2. Épicure s'oppose ici à Démocrite ou aux stoïciens qui affirment l'existence d'une nécessité absolue. Les stoïciens soutiennent ainsi que la sagesse consiste à acquiescer à l'ordre du monde et à le vouloir tel qu'il est. Épicure ne récuse pas pour autant l'existence d'une nécessité : il y a des désirs nécessaires, mais selon une nécessité qui n'est pas absolue.
3. La responsabilité nous incombe.
4. La pire croyance est celle qui nie la liberté puisqu'elle ne laisse plus de place à l'action qui peut nous rendre maîtres de notre propre existence.
5. Le monde ne se résume ni uniquement à la nécessité, ni uniquement à la fortune. Nous pouvons avoir une certaine prise sur le futur et ceci dépend de notre raison. Il y a un donné qui nous est offert, mais c'est à nous d'agir.
6. Nous sommes bien éloignés de la maïeutique socratique. L'appropriation de la doctrine passe par la remémoration qui permet de se constituer la bonne représentation et d'éprouver la vérité des préceptes. Chacun est donc responsable de sa propre libération.
7. L'autarcie n'est pas synonyme de solitude, elle est un rapport à soi. S'il faut des médecins, c'est d'abord parce qu'il y a des malades, la philosophie prend donc également son sens dans un rapport à l'autre. Mais si l'amitié est essentielle ici c'est parce que le plaisir s'étend dans le partage. Le sage n'est donc pas un être solitaire. Telle est la place du jardin fondé par Épicure.
8. Ce n'est pas dans la contemplation de Dieu qu'on se rend semblable à lui, ni dans une union mystique, mais c'est par l'exercice de notre liberté et donc par l'action que la condition divine peut être atteinte sans pour autant être surhumaine.

Questions & Réponses

Quelle est la fonction de l'amitié ?

L'amitié est une composante de la vie bonne. Elle a une dimension éthique. Elle exclut toute instance dominante et garantit donc la liberté. Dans l'amitié, l'autre est le semblable avec lequel les plaisirs sont partagés mais sans aucune démesure puisqu'elle est amitié entre sages. Dans l'amitié, l'autre compte sur moi comme je compte sur lui, et ceci de manière libre et gratuite. Elle a donc une dimension altruiste et ne peut durer que si elle repose sur des relations bilatérales. Mais l'amitié ne met quiconcque dans aucun rapport de dépendance qui lui ferait perdre toute autarcie : c'est librement qu'elle se vit et qu'elle donne confiance en l'avenir. Il faut donc bien distinguer l'amitié de l'amour, qui n'est pas raisonnable mais passionnel donc aliénant.

Quels sont les biens impérissables ?

Il peut paraître étrange de parler de biens impérissables puisque nous sommes mortels et que tous les corps le sont. Dès lors, même l'ami peut être amené à disparaître. Mais ce n'est pas pour autant que l'amitié disparaît car l'effet de son souvenir nous accompagne toujours. La sagesse est également un bien impérissable puisque nous avons vu que le plaisir qu'il faut vivre est un plaisir stable et non fugace. C'est une telle relation qui est vécue dans le Jardin.

Dans le bonheur, atteignons-nous l'immortalité ?

Il ne s'agit pas de dire que l'homme devient immortel puisqu'il est « comme » un dieu parmi les hommes. Le sage ressemble donc aux dieux et non plus aux hommes – entendons par là, les hommes de la foule qui sont animés par des craintes et des désirs infinis. Le sage ne ressemble plus alors à un mortel.

CONCLUSION

Nous souhaitons tous être heureux, nous souhaitons tous bien vivre et pourtant nous éprouvons trop souvent l'absence de bonheur à travers des craintes, des angoisses, des peurs, des douleurs, des manques… qui peuvent aller jusqu'à nous faire souffrir. Nous recherchons alors le bonheur dans un ailleurs en pensant qu'il doit nous venir du monde ou des autres. Épicure nous enseigne ici que nous faisons fausse route. Parvenir au bonheur que nous recherchons tous exige de changer de rapport à soi, de se ressaisir. Être heureux, vivre pleinement, c'est être dans une présence à soi qui permet de se sentir véritablement vivre. Car tout est affaire de sensation et celui qui n'a plus aucune sensation n'est plus rien. Mais pour se ressaisir, pour sentir vraiment, il ne faut pas simplement se laisser aller, il faut réfléchir et comprendre ce que nous sommes. C'est pourquoi il n'y a pas de bonheur sans philosophie et il n'y a pas de temps à perdre, pour peu que l'on comprenne que la philosophie n'est pas là pour nous transporter dans un ailleurs. Ne pas se détacher du monde, c'est s'attacher à la nature, non pas dans une idée romantique de celle-ci parce que la nature serait belle ou bien intentionnée, mais parce que saisir ce qui la constitue, des atomes et du vide, c'est au contraire la purifier de toute intention de nuire et ainsi nous permettre de sentir et de penser ce que nous sommes. C'est alors en commençant par lutter contre les fausses opinions qui nourrissent nos craintes que nous pourrons commencer à être heureux. C'est ensuite en faisant porter toute notre attention à ce que nous ressentons que nous pourrons l'être définitivement. Mais ceci ne suppose pas de s'abandonner en ne se souciant que de l'instant et de soi-même en revendiquant son plaisir immédiat. Le plaisir ne fera de nous des êtres heureux que par le détour de la réflexion et dans le partage avec nos semblables.

Nous savions que nous voulions être heureux, Épicure nous offre les moyens d'y parvenir en nous invitant à revenir à la simplicité de la vie pour mieux jouir de nous-mêmes. Grâce à lui nous parvenons à comprendre que notre bonheur ne dépend que de nous. La nature et le monde ne nous sont pas hostiles. Il n'y a aucune force extérieure qui nous veut du mal. Au contraire, l'étude de la nature nous apprend que tout n'est pas nécessaire, qu'il y a de la contingence dans le monde et que nous sommes libres. C'est pourquoi nous pouvons d'abord nous libérer de nos peurs, mais c'est aussi pourquoi nous pouvons jouir de ce qui est et qui aurait pu ne pas être au lieu d'être dans l'attente de ce qui n'arrivera peut-être jamais. Comme le souligne Geneviève Rodis-Lewis dans son analyse de la pensée épicurienne : « Le temps ne s'impose pas à nous ; nous le posons en fonction de ce que nous vivons[1]. » C'est pourquoi également l'avenir n'est pas entièrement en dehors de notre pouvoir à condition d'être à l'écoute de la nature et de nos désirs pour ne pas en souffrir.

Nietzsche peut ainsi nous dire qu'Épicure a « vécu à toutes les époques[2] », même si peu lui ont rendu hommage, bien au contraire. Si Lucrèce à travers son poème *De Natura rerum* a fortement contribué à diffuser sa pensée, l'ensemble du Moyen Âge l'a par la suite rejeté, son discours sur les dieux et la matérialité de l'âme étant incompatible avec les dogmes chrétiens. Si au XVIIIe siècle, il connaît un certain retour en grâce, c'est parce que les cercles libertins et matérialistes revendiqueront une morale du plaisir. Mais ce sera toujours en s'attachant uniquement à quelques points de sa doctrine qu'il sera évoqué. Et pourtant, cette dernière constitue bien un tout, car toute la philosophie est au service du bonheur, « le bonheur d'un œil face auquel la mer de l'existence s'est apaisée[3] » pour celui qui a compris la simplicité de la vie.

1. Geneviève Rodis-Lewis, *Épicure et son école*, p. 273.
2. Nietzsche, *Le Voyageur et son ombre.*
3. Nietzsche, *Le Gai savoir*, aphorisme 45.

LEXIQUE

Âme : La notion d'âme est souvent assimilée à une réalité immatérielle plus ou moins liée au corps ce qui conduit à penser la question de la vie après la mort. Pour Épicure, puisqu'il n'y a que des atomes ou du vide, l'âme est matérielle, elle est un ensemble d'atomes. La pensée, puisque nous donnons une dimension spirituelle à l'âme, n'est rien d'autre que le résultat de la combinaison de sensations donnant des idées.

Anthropomorphisme: Attitude qui consiste à se représenter tous les êtres (dieux, animaux...) à l'image de l'homme, leur attribuant alors des pensées, des intentions... Pour Épicure, la foule à une représentation anthropomorphique des dieux en pensant qu'ils interviennent dans les affaires humaines.

Aponie : État de tranquillité du corps qui ne ressent aucune douleur, aucun trouble.

Ascétisme : Doctrine morale qui prône le dénuement et le renoncement.

Ataraxie : État de tranquillité de l'âme.

Atome : Élément matériel insécable qui se meut dans le vide et dont la combinaison crée les corps.

Autarcie : Capacité qu'a le sage de se suffire à lui-même, de n'attendre ni des dieux ni des autres hommes ce que sa raison peut mettre à sa portée.

Clinamen : Mouvement par lequel les atomes en tombant dévient de leur trajectoire. La notion de *clinamen* ou de déclinaison conduit à introduire la contingence dans la nécessité.

Contingence : Désigne le fait de pouvoir être autre ou autrement qu'il est. Contraire de nécessité.

Destin : Idée d'un enchaînement fixé par avance du cours des événements donc d'une nécessité.

Empirisme : Conception selon laquelle la connaissance est fondée sur l'expérience sensible.

Hédonisme : Doctrine faisant du plaisir le souverain bien.

Matérialisme : Doctrine selon laquelle la matière est la seule réalité existante. Le terme est d'invention tardive puisque c'est Leibniz qui l'introduit en français au début du XVIIIe siècle. Même si le qualificatif est anachronique, l'atomisme d'Épicure est un matérialisme.

Nécessité : Est nécessaire ce qui ne peut pas être autre ou autrement qu'il est. Contraire de contingence.

Prénotion : Désigne les notions générales qui se construisent à partir de la répétition des expériences. Elles sont ce qui fait que nous pouvons finir par donner des noms aux réalités.

Simulacres : Images des objets constituées par des éléments de la surface extérieure de ces derniers qui conservent la forme, la position et la structure des choses dont elles proviennent et qui viennent frapper nos sens.

INDICATIONS BIBLIOGRAPHIQUES

Textes d'Épicure

Épicure et les épicuriens, textes choisis, PUF, 2010. Recueil très complet de textes d'Épicure et de ses disciples, classés suivant tous les grands thèmes de la philosophie épicurienne.

Conche, *Épicure, Lettres et maximes*, Villers-sur-Mer, Éditions de Mégare, 1977 ; Paris, PUF, 1987. Une présentation claire et une traduction revue des grands textes d'Épicure.

Texte épicurien

Lucrèce, *De la nature*, Paris, Aubier, 1993, rééd. GF, 1997. Sous le titre *De Natura rerum*, ce texte est un grand poème de six chants en langue latine du philosophe latin Lucrèce. Il constitue au sens premier une traduction des thèses d'Épicure c'est-à-dire une transmission de ces dernières. C'est dans ce texte qu'apparaît la notion centrale de *clinamen*.

Commentaires sur la pensée d'Épicure

Il existe de nombreuses analyses de la philosophie épicurienne. Nous vous proposons ici une sélection rapide permettant d'approfondir les grands thèmes abordés.

Benoît Schneckenburger, *Apprendre à philosopher avec Épicure*, Ellipses, 2011. Une présentation claire des grands thèmes de la philosophie épicurienne avec des extraits de textes commentés. Un texte donnant une très bonne saisie synthétique de la philosophie épicurienne.

Jean Salem, *Tel un dieu parmi les hommes, l'éthique d'Épicure*, Vrin, 1989. Une riche étude de synthèse approfondie permettant d'aller dans les détails de la sagesse d'Épicure de ses sources et de ses implications.

Pierre-Marie Morel, *Épicure*, Vrin, 2009. Une approche fouillée savante et très précise de la pensée d'Épicure montrant dans le détail les articulations des trois branches de la philosophie.

Geneviève Rodis-Lewis, *Épicure et son école*, Gallimard, coll. « Folio Essais » 1975. Un classique sur la philosophie épicurienne.

TABLE DES MATIÈRES

Cet ouvrage a été achevé d'imprimer en janvier 2013
dans les ateliers de Normandie Roto Impression s.a.s.
61250 Lonrai
N° d'impression : 130197
Dépôt légal : janvier 2013

Imprimé en France